KB268901

Everyday English Conversation

SURVIVAL TALK

서바이벌 토크

저자소개

Ciaran Pietzka

이 책의 저자 Ciaran은 영국 Cambridge에서 학업하였고 6년째 삼성, LG, SK, 두산 등 대기업과 영어교육기관 등에서 영어강의를 하고 있다. TEFL 자격증을 소지하고 있으며 작년까지 고려대 강사를 역임하였고, 현재는 신흥대 교수로 재직 중이다. 한국에서의 오랜 지도경험 속에서 누구보다 한국인들의 문제점을 잘 알고 있는 한국인 대상의 영어교육 스페셜리스트이다. 기존 저서로는 『Everyday English Conversation-Small Talk』가 있으며, 본 책과 이어 단계별로 학습할 수 있도록 『Everyday English Conversation-Business Talk』를 집필하고 있다.

E-mail : ciaran4english@hotmail.co.uk

초판 인쇄일 _ 2011년 11월 21일

초판 발행일 _ 2011년 11월 28일

지은이 _ Ciaran Pietzka

한글 번역 _ 선범택

감수 _ John Rule

발행인 _ 박정모

발행처 _ 도서출판 혜지원

주소 _ 서울시 동대문구 장안 1동 420-3호

전화 _ 02)2212-1227

팩스 _ 02)2247-1227

홈페이지 _ http://www.hyejiwon.co.kr

편집진행 _ 이희경

본문디자인, 삽화 _ 박혜경

표지디자인 _ 안홍준

영업마케팅 _ 김남권, 황대일, 서지영

ISBN _ 978-89-8379-696-7

정가 _ 13,000원

Everyday English Conversation

SURVIVAL TALK

서바이벌 토크

Ciaran Pietzka 지음

혜지원

Hello, my name is Ciaran Pietzka and I am from Wales, in the UK. I have worked in Korea as an English teacher for the past six years, teaching students of all ages and levels. I have taught in private schools, public schools, universities and large corporations, and I believe that the majority of such places lack the key element of conversation to enhance students' English ability. Having taught everything from vocabulary to grammar, I believe that the best way to start or enhance one's English ability is through conversation. This is why I have researched and written English conversation books that can help with everyday topics. I hope this book proves to be a useful English language tool, regardless of whether you are just starting out or are at an advanced level.

Ciaran is a graduate from Anglia Ruskin University, Cambridge, where he studied English Literature. Married with a daughter, he is currently working in Korea as a writer and educator at Shinheung University.

Everyday English conversation 'Survival Talk' is the second in a series of books. Ciaran is also the author of Everyday English Conversation 'Small Talk', with Everyday English Conversation 'Business Talk' scheduled to be released at the end of the year.

Dedicated to my beautiful wife and love of my life, Jin Jeong Eun.

2011. Ciaran Pietzka

이 책을 다음과 같은 방법으로 학습하십시오.

1. 처음부터 끝까지 가볍게 읽어 봅니다.
본격적인 통역연습을 하기 전에 문장들을 미리 한 번씩 읽어 보는 작업이 필요합니다.

2. 다시 처음부터 학습하면서 통역연습을 합니다.
회화 학습에 있어서 통역연습만큼 효과적인 것은 없습니다. 이는 마치 수학에서 문제를
풀어보는 것과 같습니다. 통역연습은 언어두뇌를 발달시키고 내가 하고 싶은 말을 영어
로 바로 이야기할 수 있는 능력을 키워줍니다. 본문의 한글 예문만을 보고 영어로 말해
보도록 합니다(대화예문만 통역연습을 하고, 설명글은 하지 않습니다).

3. 오디오 CD를 반복해서 듣습니다.
이미 통역연습을 해 보셨으니 오디오 CD를 듣고 틈틈이 홀로 말하기 연습을 해보시길
바랍니다. 대화연습은 꼭 상대방이 있어야만 할 수 있는 것은 아닙니다. 연극배우들이
대사를 연습하듯 홀로 말하기 연습을 해보시길 바랍니다.

4. 통역과 오디오 청취를 반복합니다.
학습자의 영어능력에 따라서 학습의 반복횟수는 달라집니다.

5. 외국인을 만나기 전에 미리 한 번 전체적으로 훑어보도록 합니다.
소개팅을 나가더라도 내가 얘기할 것을 한 번 정리해 보면 훨씬 재미있는 대화를 나눌
수 있습니다. 마찬가지로 외국인을 만날 때나 어학연수를 떠날 때 본 책을 전체적으로
훑어 보시면 대화의 여러 소재거리에 대해 상기하실 수 있습니다.

• 질문과 답변은 동일한 분량으로 실었습니다. 많은 이들이 영어회화 학습을 할 때 자신의 이야기만 연습하는 경향이 있는데, 이는 매우 잘못된 방식입니다. 언어란 주고받는 것입니다. 따라서 영어로 자신의 얘기를 할 수 있는 만큼 상대방에게 질문도 할 수 있어야 합니다. 또한 자신이 대화주제를 리드할 수 있도록 하기 위해서도 질문학습은 반드시 필요합니다. 참고로 상대방의 질문에 자신이 대답을 하고 동일한 질문을 상대방에게 할 경우에는 "How about you?"를 유용하게 사용하실 수 있습니다.

• 대화예문은 직역하였습니다. 한국어와 영어가 직역으로 딱 맞아 떨어지지 않으나 통역연습을 위해서, 그리고 영어식 표현에 익숙해 질 수 있도록 대화예문은 가급적 직역으로 했습니다. 그로 인해 한국어로는 간혹 어색한 문장이 있을 수 있습니다.

• 부연설명과 자주하는 실수 부분은 의역하였습니다. 이 부분은 통역연습을 하지 않아도 되니 가급적 쉽게 이해할 수 있도록 의역하였습니다.

• 편집은 심플하게 하였습니다. 여러 정보를 잡다하게 학습하는 것보다는 한 문장을 학습하더라도 자신감 있게 말할 수 있는 것이 회화학습에서 가장 중요합니다. 따라서 단어나 문법용례에 대한 잡다한 정보는 가급적 배제하였고 편집도 가급적 심플하게 하였습니다.

• 반복되는 대화예문이 많습니다. 이는 언어생활의 패턴에 기인합니다. 서로 어떤 주제에 대해서 좋아하고, 싫어하고, 무엇을 좋아하고 등등의 대화를 할 경우 비슷한 패턴의 질문과 답변을 하기 때문입니다. 그런 이유로 동일 질문이 반복되는 경우가 있는데, 오히려 반복학습 효과도 얻으실 수 있을 것입니다.

• 문법 실수에 대한 조언이 다소 쉬워 보일 수 있습니다. 문법실수에 대한 조언이 다소 쉬워 보일 수 있는데, 이는 영어글쓰기에의 실수가 아니라 회화에 관한 실수를 언급한 것입니다. 회화에서는 문법적으로 쉬운 실수도 빈번하니 참고해서 읽어 주시길 바랍니다.

Topic 3
In a coffee shop
커피숍에서

Topic 6

At a hotel
호텔에서

Topic 8

At Customs
세관에서

Language problems
언어 문제들

This is a very short unit highlighting things you can say if you experience language problems in another country. It is common to have problems understanding a foreign language, therefore I hope these expressions will help you in times of difficulty. You can use the following expressions in any situation.

이번 장에서는 여러분들이 외국을 방문했을 때 발생할 수 있는 의사소통 문제를 해결해 줄 몇 가지 중요한 표현에 대해 다룰 것입니다. 외국어를 배울 때 쉽게 이해하지 못하는 것은 흔한 문제입니다. 그래서 저는 이 표현들이 여러분이 곤경에 처했을 때 도움을 줄 것이라고 희망합니다. 다음의 표현들은 어떠한 상황에서도 사용할 수 있습니다.

Pardon?

Pardon?

Sorry?

Excuse me?

좌송합니다만 다시 한 번 말해 주시겠습니까?

미안합니다. 한 번 더 말해 주시겠습니까?

실례지만 한 번 더 말해 주시겠습니까?

Talking Tip

It is fine to use any of the above questions if you did not hear what the person was saying. If you don't understand what someone is saying, do not pretend to understand because it can cause problems later. Instead, you should tell that person that you don't understand.

만약 상대방이 말하는 것을 정확하게 이해하지 못했다면 위의 표현들을 사용하는 것이 적절합니다. 만약 당신이 누군가가 이야기하는 것을 이해하지 못했다면, 절대로 이해한 척하면 안 됩니다. 왜냐하면 그것은 나중에 문제를 야기할 수 있기 때문입니다. 대신에 반드시 그 사람에게 당신이 정확히 이해하지 못했다고 말해야만 합니다.

Common Mistake

In a formal setting you should not say "What?" when you do not understand something. It is often interpreted as rude and can evoke a negative response.

공식적인 자리에서는 상대방의 이야기를 못 알아들었을 때 절대로 "What?"이라고 말해서는 안 됩니다. 그것은 상대방으로 하여금 당신이 무례한 사람이라고 인식시킬 수 있고 당신 역시 부정적인 응답을 받을 수 있습니다.

I beg your pardon?

I beg your pardon?
I'm afraid I didn't quite catch that.
I'm sorry, I didn't hear you.
I'm sorry I don't understand.

죄송하지만 다시 한 번만 말씀해 주시겠습니까?
유감스럽지만 당신이 한 말을 정확하게 이해하지 못했습니다.
미안합니다. 당신이 한 말을 잘 못 들었습니다.
미안합니다. 정확하게 이해할 수가 없습니다.

Talking Tip

Do not be afraid to say that you don't understand what someone is saying or that you didn't hear what they said. Doing this is not rude and most native English speakers will understand your situation.

절대로 당신이 상대방의 이야기를 이해하지 못했거나 정확하게 듣지 못했다고 말하는 것을 두려워하지 마십시오. 이렇게 말을 하는 것은 무례한 것이 아닐뿐더러 대부분의 원어민들은 이러한 상황을 이해할 것입니다.

I'm sorry, but English is my Achilles heel.

If you have a low English ability, you could use the following phrases:

만약 당신의 영어수준이 낮다면 다음과 같이 말해도 무방합니다.

I am sorry, but my English is weak.
I'm sorry, my English is not great.
I'm sorry, but English is my Achilles heel.

죄송하지만 저의 영어는 유창하지 않습니다.
미안합니다. 저는 영어를 잘 못합니다.
미안합니다. 영어는 저의 약점입니다.

The expression 'English is my Achilles heel' is the same as saying 'English is my weakness', and can be used to describe a weakness in anything. For example, saying that 'Potato chips are my Achilles heel' means that you have a weakness for potato chips.

'English is my Achilles heel'이라는 표현은 '영어는 저의 약점입니다'의 또 다른 표현입니다. 또한 이 표현은 다른 약점을 묘사할 때도 사용할 수 있습니다. 예를 들어, 'Potato chips are my Achilles heel'이라는 표현은 당신이 감자칩에 약점을 가지고 있다는 의미입니다.

Just so you know, 'potato chips' is American English, while in British English the word 'crisps' is used. 'Chips' in British English is what Americans call 'French fries'.

아시다시피, 'potato chips'는 미국식 영어입니다. 반면에 영국식 영어로는 'crisps'라고 합니다. 영국식 영어에서 'chips'라는 말은 흔히 미국에서 말하는 'French fries'를 의미합니다.

Common Mistake

Do not say that you don't speak English. I have heard people say that they don't speak English many times during a conversation. Clearly you do speak English because you are having this conversation in the first place, instead, use one of the previous examples.

절대로 당신이 영어를 못한다고 말하지 마십시오. 저는 지금까지 많은 사람들과 대화를 해보면서 그들이 영어를 못한다고 말하는 것을 자주 들어 봤습니다. 분명히 당신은 영어를 할 줄 압니다. 왜냐하면 대화의 처음부터 이 말을 했기 때문입니다. 그렇게 말하기보다는 앞의 표현들 중 한 가지 표현을 사용해 보십시오.

Could you say that again please?

If you want someone to repeat themselves, you could say:

만약 상대방이 한 말을 한 번 더 듣고 싶다면 이렇게 말하세요.

- Could you please repeat that?
- Could you say that again please?
- Do you mind repeating that?
- Please repeat that.

- 한 번만 더 반복해서 말씀해 주시겠습니까?
- 다시 한 번 말씀해 주시겠습니까?
- 반복해서 말해 주실 수 있습니까?
- 한 번만 더 말해주세요.

You can even link these sentences and the sentences on page 20 together:

이 표현과 20페이지에서 배운 표현들을 함께 사용할 수 있습니다.

> I'm sorry, but my English is not the best. Could you please repeat that?
>
> I apologize, but my English is weak. Could you say that again please?
>
> My apologies, but my English is not great. Do you mind repeating that?
>
> I'm sorry, but English is my Achilles heel. Please repeat that.

죄송하지만 저의 영어실력이 그렇게 좋지 않습니다. 한 번만 더 반복해서 말씀해 주시겠습니까?

유감스럽지만 저의 영어는 유창하지 않습니다. 다시 한 번 말씀해 주시겠습니까?

미안합니다. 저는 영어를 잘못합니다. 반복해서 말해 주실 수 있습니까?

미안합니다. 영어는 저의 약점입니다. 한 번만 더 말해주세요.

If you are among friends and you don't understand what they are saying, you could say:

만약 당신이 친구들과 같이 있는 도중에 친구들이 하는 말을 못 알아들었다면 이렇게 말하세요.

Huh?	What?	Hmmm?	Errrr?
응?	뭐라고?	음?	어?

Do not use the above expressions if you are in a formal setting. Only say them if you are among friends, as using these can come across as very rude and you could offend someone. Furthermore, do not use them when talking to someone you have just met.

공식적인 자리에서는 절대로 위의 표현들을 사용해서는 안 됩니다. 반드시 친구들에게만 사용하세요. 위의 표현들은 상황에 따라서 무례할 수도 있고 심지어 상대방에게 모욕감을 줄 수도 있습니다. 한 가지 더, 절대로 처음 만난 사람에게 위의 표현들을 사용하지 마세요.

Could you speak a little slower please?

If someone is speaking too quickly and you want them to speak slower, you could say:

만약 누군가가 너무 빨리 이야기해서 그 사람이 천천히 이야기하길 원한다면 이렇게 말하세요.

Could you speak a little slower please?
Please speak a little slower.
Do you mind slowing down please?
Could you slow down a little please?

조금만 천천히 말씀해 주시겠습니까?
제발 조금만 느리게 말해주세요.
천천히 말씀해 주실 수 있나요?
약간 천천히 말씀해 주시겠습니까?

Could you spell that for me please?

If you are wondering how something is spelled, you could say:

만약 어떤 단어의 스펠링이 궁금하다면 이렇게 말하세요.

> Could you spell that for me please?
> Could you tell me how to spell that?
> How do you spell that?
> How is _______ spelt?

> 그 단어의 스펠링을 말씀해 주시겠습니까?
> 저에게 그 단어를 어떻게 적는지 말씀해 주시겠습니까?
> 그 단어 스펠링 좀 적어 주실래요?
> _______의 스펠링이 뭔가요?

Talking Tip

'Spelled' is American English. In British English it is 'spelt'.

'Spelled'는 미국식 영어입니다. 영국식으로는 'spelt'라고 씁니다.

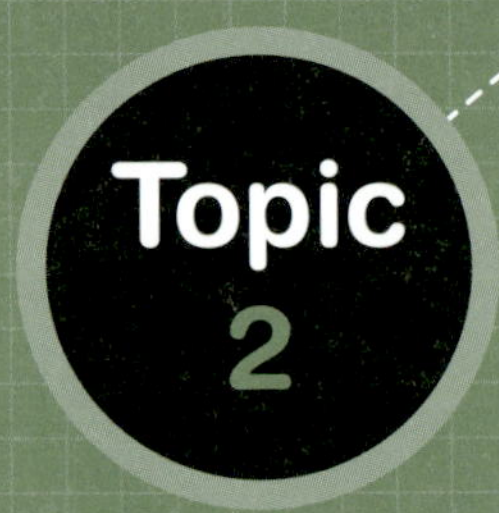

Topic 2

At the Doctor's Office
병원에서

The first point I would like to make is the difference between a hospital and a doctor's office. In Korea it is common to say 'I am going to the hospital' if something is mildly wrong or seriously wrong. However, in Western countries, you go to the Doctor's office if you are mildly sick and the hospital if your symptoms are more serious. You do not go to the hospital if you have a cold; instead you go to the doctor's office.

When you enter a doctor's office you are usually greeted by a receptionist who will ask for your details. The conversation in the first part of the topic will be between a receptionist and a patient.

처음으로 제가 하고자 하는 말은 'hospital'과 'a doctor's office'의 구분입니다. 한국에서는 약간 다쳤거나 심하게 다쳤을 경우 보통 'I am going to the hospital'라고 말합니다. 반면 서양에서는 약간 다쳤을 경우에 'doctor's office'에 가고 심하게 아프거나 다친 경우에만 'hospital'에 갑니다. 만약 여러분이 감기에 걸렸다면 'hospital'에 가는 것이 아니라 'doctor's office'에 가는 것입니다.

개인병원에 처음 방문하면 접수창구 직원이 당신의 신상정보를 물어볼 것입니다. 이번 토픽의 앞 부분은 개인병원에 방문한 환자와 접수원간의 대화가 될 것입니다.

001

A
- ❶ Do you have an appointment?
- ❷ Have you made an appointment?
- ❸ Did you make an appointment prior to your visit today?

B
- ❶ Yes, I have. / No, I haven't.
- ❷ Yes, I am here to see Dr. Smith.
- ❸ Yes, I did. / No, I didn't.

A 약속을 하고 오셨나요?

방문약속을 하셨습니까?

지난 번 방문 때 오늘 방문할 것이라고 약속하셨나요?

B 네, 했습니다. / 아니요, 안 했습니다.

네, 스미스 박사님을 뵈러 왔습니다.

네, 했습니다. / 아니요, 안 했습니다.

Talking Tip

The word 'prior' means 'before', and is usually followed with the preposition 'to'. For example, you can say 'I made an appointment prior to my visit today' or 'I made an appointment before my visit today'.

'Prior'이란 단어는 '이전'이라는 의미로 전치사 'to'와 함께 사용됩니다. 예를 들어, '나는 전에 오늘 방문할 것을 예약했습니다', 혹은 '나는 지난 번에 오늘 방문할 것을 약속했습니다'라고 말할 수 있습니다.

Common Mistake

In Korea, the word 'appointment' is often used when you have a plan to meet friends("I have an appointment with friends tonight"). However, in Western countries, appointment is used in more formal situations(in businesses, to see a doctor or dentist, etc). Therefore, it is better to say that you have 'a plan' with friends, rather than 'an appointment' (I have plans to meet John for dinner tonight").

한국에서는 친구들과 약속이 있을 때 'appointment'라는 말을 종종 사용합니다("I have an appointment with friends tonight"). 그렇지만 서양에서는 매우 공적인 상황을(예를 들면, 치과 진료예약 과 같은 비즈니스 상황) 'appointment'라고 합니다. 그러므로 'appointment'라고 말하기 보다는 'have a plan with friends'라고 말하는 것이 올바른 표현입니다.

May I have your name?

A ❶ May I have your name?

❷ Please tell me your name.

❸ What is your name, please?

❹ Your name?

❶❷❸❹

B Sure, my name is David Jones.

It's David Jones.

David Jones.

My name is David Jones.

Any of the above answers can be answered with any of the above questions.
모든 답변이 위 질문에 대한 대답이 될 수 있습니다.

A 성함이 어떻게 되시나요?

이름을 알려주시겠습니까?

당신의 이름은 무엇입니까?

이름이 뭡니까?

B 물론입니다, 제 이름은 David Jones입니다.

David Jones입니다.

David Jones.

제 이름은 David Jones입니다.

Talking Tip

There are many ways to answer this question, as shown on the previous page. However, remember to answer with your full name, not just your first name. You are not making small talk here, so it's important to give all your details.

앞 페이지의 표현들과 같이, 이런 질문에 대답하는 방법은 많이 있습니다. 그렇지만 이름만이 아닌 성과 함께 이름을 말해야 합니다. 당신은 그저 잡답을 하러 여기에 온 것이 아닙니다. 그래서 당신의 자세한 신상 정보를 알려주는 것이 중요합니다.

Talking Tip

It is also fine to answer using a short sentence ('David Jones') in this situation. You do not need to answer using the 'My name is…' part of the sentence.

이 상황에서는 'David Jones'와 같이 짧게 대답해도 무방합니다. '제 이름은…'과 같은 문장은 생략해도 괜찮습니다.

What is the purpose of your visit today?

A ❶ What is the purpose of your visit today?

❷ What is wrong with you today?

❸ What seems to be the problem?

❶❷❸

B I have a pain in my chest.

I think I have the flu.

I have a cold.

I have caught a cold.

Any of the above answers can be answered with any of the above questions.
모든 답변이 위 질문에 대한 대답이 될 수 있습니다.

A 어떻게 오셨습니까?

어디가 아파서 오셨나요?

아픈 곳이 어딘가요?

B 가슴에 통증이 있어서 왔습니다.

독감에 걸린 것 같습니다.

감기 기운이 있습니다.

감기에 걸렸습니다.

Common Mistake

Never say 'I have catch a cold' or 'I catch a cold'. The reason why you are visiting the doctor today is because you already have a cold, Therefore, remember to use the past tense when talking about an illness you have('I have caught a cold' or 'I caught a cold').

절대 'I have catch a cold' 혹은 'I catch a cold'라고 말하지 마세요. 당신이 진료를 위해 병원에 방문한 이유는 바로 당신이 이미 감기에 걸렸기 때문입니다. 그러므로 당신이 걸린 질병에 관해 이야기할 때는 반드시 과거 시제('I have caught a cold' 또는 'I caught a cold')를 사용해야 합니다.

Common Mistake

On occasions, I have heard students telling me that they have 'the flu' when they come to class. However, there is a big difference between having 'a cold' and having 'the flu'. If a student is able to come to class it is more likely that they have 'a cold', as the symptoms of 'flu' are much more serious. It's not a common mistake, but one I still think worth mentioning.

때때로, 학생들이 제게 와서 'the flu'라는 단어를 사용하곤 합니다. 그렇지만 'a cold'와 'the flu'사이에는 큰 차이가 있습니다. 학생이 수업에 참여할 수 있을 정도의 감기라면 'a cold'에 가깝습니다. 왜냐하면 'the flu'는 증상이 더 심한 경우를 말하기 때문입니다. 이것은 자주 범하는 실수는 아니지만, 올바른 표현을 알아두는 것이 좋을 것 같습니다.

004

A
1. Ok, please sit down and wait.
2. Please take a seat. The doctor will be with you shortly.
3. Sit down and we will call you in shortly.
4. Please go straight in.
5. Go straight in.

①②③④⑤

B
Ok, thanks.
Thank you.
Many thanks.
Great, thanks.

Any of the above responses can be answered with any of the above statements.
모든 답변이 위 서술에 대한 대답이 될 수 있습니다.

A   알겠습니다. 앉아서 기다려주세요.

부디 앉아서 기다려주세요. 의사 선생님께서 곧 진찰해 주실 겁니다.

앉아 계세요, 그러면 저희가 곧 불러 드리겠습니다.

곧장 가셔서 안으로 들어가세요.

앞으로 가셔서 안으로 들어가세요.

B   네, 감사합니다.

감사합니다.

고맙습니다.

좋아요, 고맙습니다.

Talking Tip

Remember to be polite and say thanks after the receptionist has told you to sit down or enter the doctor's office. It is common courtesy.

It's important that you know that if you haven't made an appointment to see a doctor, or if your illness is not too serious, you may be turned away (told the doctor has no time to see you). While this is rare, it can happen.

예의를 지키고 접수원이 앉으라고 하거나 진료실로 들어가라고 말한 다음 고맙다고 말하세요. 그것은 기본 예의입니다.

만약 당신이 진료예약을 하지 않았다거나 생각보다 심하게 아픈 것이 아니라면, 어쩌면 진료거부(의사가 바쁘다는 이유로)를 받을 수도 있다는 것을 알아야 합니다. 이런 경우는 드물지만 일어 날 수 있습니다.

* Remember to take your passport to the doctor's office if you are in a different country than your own because the receptionist may ask to see it.

만약 당신이 외국에 체류하고 있다면 진료를 받으러 갈 때 여권을 챙기십시오. 왜냐하면 접수원이 여권을 제시하라고 할 수도 있습니다.

Mr. Jones? Follow me please.

A ❶ David Jones? The doctor is ready to see you now.

❷ David Jones? You can go in now.

❸ David Jones? Right this way please.

❹ Mr. Jones? Follow me please.

❶❷❸❹

B OK thanks.

Thank you.

Many thanks.

Thank you very much.

A David Jones 씨? 진료실로 들어가셔도 좋습니다.

David Jones 씨? 진료실로 들어가세요.

David Jones 씨? 이쪽으로 오세요.

Jones 씨? 저를 따라오세요.

B 네, 감사합니다.

감사합니다.

고맙습니다.

정말 고맙습니다.

Any of the above responses can be answered with any of the above statements.
모든 답변이 위 서술에 대한 대답이 될 수 있습니다.

Before we start the next part of the conversation; that of between a doctor and a patient, here is a list of different ailments(illnesses) that will be helpful:

다음 대화로 넘어가기 전에, 여기 의사와 환자 사이에서 알아두면 도움이 될 많은 질병(병)의 리스트가 있습니다.

a cold	감기
a cough	기침
diarrhea	설사
dry skin	피부 건조증
an earache	귓병
an eye infection	눈병
a fever (British English— a temperature)	고열
the flu	독감
a headache	두통
the hiccups	딸꾹질
a rash	두드러기
a stomachache	복통
a sore throat	인후염

Common Mistake

Please take note of the use of articles(a/an/the) above. Notice how some illnesses use the article 'a'(a cold) and some use the article 'the'(the flu). Also notice that some don't use articles at all(diarrhea). It is very common to get these mixed up, so be careful.

부디 위의 질병에 관한 정확한 관사/정관사 사용을 위해 메모를 해두세요. 어떠한 질병이 관사 'a'를 사용(a cold 감기)하고 어떤 질병이 정관사 'the'를 사용(the flu 독감)하는지 알아두세요. 또한, 관사 혹은 정관사를 사용하지 않는 것(diarrhea 설사)도 알아두세요. 이러한 것들을 매우 쉽게 혼동될 수 있습니다. 그래서 주의해야 합니다.

Hello. Please sit down.

A ❶ Hello. Please sit down.

❷ Hi. Come on in and take a seat.

❸ Please take a seat.

❹ Hello, Mr. Jones. Take a seat.

❶❷❸❹

B Thanks.

Thank you.

Thank you, doctor.

Much obliged.

Much appreciated.

Any of the above responses can be answered with any of the above statements.
모든 답변이 위 서술에 대한 대답이 될 수 있습니다.

A   안녕하세요. 자리에 앉으세요.

안녕하십니까, 들어와서 자리에 앉으세요.

자리에 앉으십시오.

안녕하세요, Jones씨. 앉으세요.

B   감사합니다.

고맙습니다.

감사합니다, 의사 선생님.

감사합니다.

정말 고맙습니다.

Talking Tip

The expressions 'much obliged' and 'much appreciated' are very formal, and both mean that you are grateful. You can use either in any situation where someone is showing hospitality to you.

'Much obliged'와 'much appreciated' 같은 표현들은 매우 정중한 표현입니다. 그리고 두 표현 모두 상대방에 감사하다는 의미입니다. 이러한 표현들은 당신에게 호의를 베푸는 누구에게나 사용할 수 있습니다.

Common Mistake

Notice how doctors use expressions such as "please sit down" and "take a seat" and do not simply say "sit down". This is because the first two expressions are more polite, while "sit down" could sound rude and offensive. Try not to say 'sit down' to someone, and instead use one of the more polite expressions shown on the previous page.

의사들은 환자에게 "please sit down"과 "take a seat"이라고 말합니다. 절대 "sit down"이라고 말하지 않습니다. 처음 두 표현은 공손한 표현인 반면, "sit down"은 무례하고, 모욕감을 주기 때문입니다. 누군가에게 "sit down"이라고 말하지 마세요. 대신에 앞 페이지의 두 가지 표현을 사용하세요.

What's wrong with you today?

A ❶ What seems to be the problem?

❷ What's the problem?

❸ What's wrong with you today?

❹ What's the matter?

❶❷❸❹

B I have a cold.

I think I have the flu.

I have a headache.

Any of the above answers can be answered with any of the above questions.
모든 답변이 위 질문에 대한 대답이 될 수 있습니다.

A ┊ 무슨 일로 오셨나요?

┊ 어디가 아프신가요?

┊ 어떻게 오셨습니까?

┊ 아픈 곳이 어딘가요?

B ┊ 감기기운이 있습니다.

┊ 독감에 걸린 것 같습니다.

┊ 두통 때문에 왔습니다.

Common Mistake

Whether you are talking to a doctor or a receptionist, try not to diagnose yourself with a serious illness. You may know that you have a cold, a headache or a rash, but you can't know for sure whether you have the flu, a migraine or chicken pox. Therefore, when talking about a more serious illness, try not to say 'I have the flu', instead say 'I think I have the flu'. Below are other expressions you can use.

의사와 이야기하거나 접수원과 이야기할 때, 심각한 질병에 관해 스스로 진단하지 마세요. 당신은 아마도 당신이 감기에 걸렸거나, 두통이 있거나, 두드러기가 났다는 것을 알 수도 있겠지만 독감에 걸렸는지, 편두통인지, 혹은 수두에 걸렸는지 확신할 수 없습니다. 그러므로 심각한 질병에 관해 언급할 때는 '독감에 걸렸습니다'라고 말하지 마시고, 대신에 '독감에 걸린 것 같습니다'라고 말하세요. 아래는 당신이 사용할 수 있는 표현들입니다.

I think I have a migraine.	편두통이 있는 것 같아요.
I may have a migraine.	편두통이 생긴 것 같아요.
It feels like I have a migraine.	편두통이 생긴 것 같이 머리가 아파요.
I might have a migraine.	아마 편두통인 거 같아요.
I may possibly have a migraine.	아마도 편두통이 생긴 것 같아요.

008

What are the symptoms?

A ❶ What are your symptoms?

　❷ What are the symptoms?

❶❷

B 　I feel sick and I have a fever.

　I have the chills and a sore throat.

　My head hurts and I can't look at bright lights.

A 　어떤 증상이 있나요?

　증상에 관해 말해 주시겠습니까?

B 　몸이 아프고 열이 납니다.

　한기가 느껴지고 목이 아픕니다.

　머리가 아프고 햇빛을 똑바로 쳐다볼 수가 없습니다.

Any of the above answers can be answered with any of the above questions.
모든 답변이 위 질문에 대한 대답이 될 수 있습니다.

It is very important to be specific and describe every one of your symptoms. This way it will be easier for the doctor to make a diagnosis. Here is a list of symptoms you may have and how to describe them:

당신의 모든 증상을 상세히 그리고 구체적으로 설명하는 것은 매우 중요합니다. 그렇게 해야 의사 선생님이 훨씬 정확하게 진찰을 할 수 있습니다. 다음은 흔한 증상들과 그것을 설명하는 방법입니다.

I feel nauseous.	속이 메스껍습니다.
I am dizzy.	어지럽습니다.
I have been vomiting(sick).	구토증세가 있습니다.
I feel sick.	토할 것 같습니다.
I have itchy skin.	가렵습니다.
I have a sore throat.	목이 아픕니다.
I have the chills.	몸이 떨립니다.
I have a fever.	열이 납니다.
I have a runny nose.	콧물이 나옵니다.
I have a rash.	두드러기가 납니다.
I am having nosebleeds.	코피가 납니다.
I have pains in my chest.	가슴에 통증이 있습니다.
I have a cough.	기침을 합니다.
I have heartburn.	속이 쓰립니다.
My neck hurts.	목이 아픕니다.
My nose is runny. / I have a runny nose.	콧물이 납니다.
I can't sleep.	잠을 잘 수가 없습니다.
I am always tired.	항상 몸이 피곤합니다.

Common Mistake

When you are trying to express to someone that you are in pain, do not use the words 'ouch' or 'ouchy'. 'Ouch' is used to express a sudden pain, like when you catch your finger in the door. If you use the sentence 'My finger is ouch' it sounds like baby talk and can come across as almost humorous. Use the word 'hurt' instead('My finger hurts').

누군가에게 아프다고 말할 때 'ouch', 'ouchy'를 사용하지 마세요. 'Ouch'는 문에 손가락이 찔었을 때와 같이 갑작스런 고통을 표현할 때 사용합니다. 만약 'My finger is ouch' 같은 문장을 사용한다면 어린 아이가 이야기하는 것처럼 들릴 겁니다. 그 대신 'My finger hurts'라고 하세요.

How long have you been feeling this way?

A ❶ How long have you been feeling this way?

❷ For how long have you felt this way?

❸ How long have you had these symptoms?

❹ How long have these symptoms persisted?

❺ For how long have you had these symptoms?

❶❷❸❹❺

B Since Monday.

For a couple of days. / For a few days.

For about a week. / It's been about a week.

I started feeling sick on Monday.

Maybe three days.

Any of the above answers can be answered with any of the above questions.
모든 답변이 위 질문에 대한 대답이 될 수 있습니다.

A 이런 증상을 얼마나 오랫동안 느꼈나요?

얼마나 오랫동안 이런 증상을 갖고 느꼈나요?

얼마나 오랫동안 이런 증상을 갖고 계셨나요?

이런 증상이 얼마나 오랫동안 지속되었나요?

언제부터 이렇게 아프셨나요?

B 월요일부터요.

며칠 전부터 그랬습니다. / 며칠 동안이요.

일주일 정도요. / 약 일주일 정도 되었습니다.

월요일부터 아팠습니다.

아마 3일 정도요.

Talking Tip

If you don't know exactly how long you have been feeling sick, use words such as 'about', 'maybe', 'perhaps' or 'around'. This shows the doctor that you are not sure.

The doctor may then conduct a few tests on you, such as taking your temperature, listening to your heartbeat, looking at your throat. When this happens it should be easy enough to just follow their directions.

만약 당신이 얼마나 오랫동안 아팠는지 정확하게 모른다면, 'about', 'maybe', 'perhaps', 또는 'around'와 같은 단어들을 사용하세요.

그러면 의사는 당신이 확실하게 언제부터 아팠는지 모른다고 생각할 겁니다. 의사는 아마도 당신에게 온도를 잰다거나, 가슴에 청진기를 대어보거나, 당신의 목을 살펴보는 것과 같은 몇 가지 검사를 할 겁니다. 이런 검사를 할 때는 충분히 쉽기 때문에 그저 의사의 지시에 따르면 됩니다.

010

A ❶ Are you allergic to any medication?

❷ Is there any medicine you are allergic to?

❸ Do you know of any allergies that you may have?

B ❶ No, I am not.

❷ Yes, I am allergic to penicillin.

❸ Not that I know of.

A 당신은 특정 약물에 관한 알레르기가 있나요?

당신에게 알레르기 반응을 일으키는 약물이 있습니까?

어떤 약물이 당신에게 알레르기를 일으키는지 아나요?

B 아니요, 없습니다.

네, 저는 페니실린에 알레르기 반응을 일으킵니다.

제가 알기론 없습니다.

Talking Tip

If you are unsure, saying 'Not that I know of' is a useful expression because it informs the doctor that you are not sure. Below are some more useful expressions you could use if you are unsure.

만약 알레르기에 관해 확신이 없다면, 'Not that I know of'라고 말하세요. 그 표현은 의사에게 당신이 확신하지 못하고 있다는 것을 알려주는 유용한 표현입니다. 아래는 당신이 확신하지 못할 경우 사용할 수 있는 유용한 표현들입니다.

Not that I am aware of.	내가 알기로는 아닌 것 같습니다.
I'm not sure.	확실하지는 않습니다.
I have no idea.	잘 모르겠습니다.
I really don't know.	정말로 모르겠습니다.
I am unsure.	확신이 없습니다.

A ❶I am going to give you a prescription for some medicine. Take it three times a day after meals.

❷I am going to prescribe you with some cream. Apply it anytime you are in pain.

❸I will write you a prescription for some ointment. Apply it whenever you feel irritation.

❶❷❸

B Ok. Thanks doctor.

Thank you, doctor.

Great, thanks doctor.

Any of the above responses can be answered with any of the above statements.
모든 답변이 위 서술에 대한 대답이 될 수 있습니다.

A 저는 몇 가지 약을 처방해 드릴 겁니다. 식사 후에 하루 3회 복용하시기 바랍니다.

몇 가지 바르는 약을 처방해 드릴 겁니다. 언제든지 환부에 통증이 있으면 바르세요.

제가 몇 가지 연고를 처방해 드릴 겁니다. 언제든지 아플 때 환부에 바르세요.

B 네. 감사합니다, 선생님.

감사합니다, 의사 선생님.

정말 고맙습니다, 선생님.

Common Mistake

Please take note of the use of verbs on the previous page. When talking about medicine, we use the verb 'take', while with cream or ointment, we use the verbs 'apply' or 'put on'.

부디 앞 페이지의 적절한 동사 사용법에 관해 메모를 해두세요. 약에 관한 이야기를 할 때 우리는 'take'라는 동사를 사용합니다. 반면에 크림 또는 연고와 관련해서는 'apply' 또는 'put on'이라는 동사를 사용합니다.

Just so you know, the word 'ointment' is used when describing a liquid substance that is put on the skin.

알아두세요, 피부에 사용하는 어떤 물질을 묘사할 때 'ointment'라고 합니다.

You should take some vitamins.

If the doctor doesn't give you a prescription the following advice could be given:

만약 의사 선생님이 처방전을 주지 않는다면, 다음과 같은 조언을 해줄 겁니다.

A ❶ You should take a rest.
     ❷ You should take some vitamins.
     ❸ You should eat less fatty foods.

     ❶❷❸
B   Ok, thanks.
        I will doctor.
        I will.

A   반드시 휴식을 취하세요.
        비타민을 복용하도록 하세요.
        기름진 음식 섭취는 피하도록 하세요.

B   네, 고맙습니다.
        그렇게 하겠습니다.
        잘 알겠습니다.

Any of the above responses can be answered with any of the above statements.
모든 답변이 위 서술에 대한 대답이 될 수 있습니다.

Here is a list of other suggestions the doctor may make:
여기 의사 선생님이 해줄 다른 조언 리스트가 있습니다.

You should⋯	당신은 반드시⋯
Cut down on unhealthy foods.	건강에 해로운 음식 섭취를 줄이세요.
Go home and rest.	집에 가서 쉬어야 합니다.
Stay out of the sun.	햇볕을 좀 쬐세요.
Drink lots of water.	물을 많이 드세요.
Take a break.	휴식을 취하세요.
Relax more.	조금 더 쉬어야 합니다.
Exercise more often.	규칙적으로 운동을 해야 합니다.
Avoid scratching the area.	가려운 부위를 긁지 마세요.

Common Mistake

Please take notice of the use of verbs in the above list. I often find myself teaching medical advice classes and have often come across students who make mistakes and confuse the verbs. For example, I have heard students say 'you should get a break', when the correct phrase is 'you should take a break'.

위의 리스트에 있는 동사를 사용할 때는 주의하세요. 저는 medical advice 강의를 할 때 적절한 동사 사용에 혼란을 느끼거나 실수를 하는 학생들을 자주 봐왔습니다. 예를 들면, 학생들이 종종 'you should get a break'라고 말합니다. 그러나 'you should take a break'가 맞습니다.

013

> **Please come back if the symptoms persist after five days.**

A ❶ Please come back if the symptoms persist after five days.

❷ Make an appointment if you don't feel any better after the next few days.

❸ Come back and see me if you are still unwell after the next couple of days.

❶❷❸

B Ok doctor. Good bye.

I will, thanks. Bye.

I understand doctor, thanks.

❶❷❸

A Good bye.

Bye.

See you next time.

Any of the above responses can be answered with any of the above statements.
모든 답변이 위 서술에 대한 대답이 될 수 있습니다.

A : 만약 증상이 5일이 지난 후에도 지속된다면 다시 진료를 받으러 오세요.

만약 며칠이 지나도 병세가 낫지 않는다면, 진료 예약을 하세요.

이틀이 지나도 증상이 호전되지 않는다면 돌아와서 저를 찾으세요.

B : 알겠습니다. 선생님. 안녕히 계세요.

그렇게 하겠습니다. 고맙습니다. 안녕히 계세요.

잘 알겠습니다, 선생님. 고맙습니다.

A : 조심히 가세요.

잘 가요.

다음에 봅시다.

If you are talking to friends about how sick you are, the following two expressions are useful :

만약 친구들에게 얼마나 아픈지 이야기한다면, 다음 두 가지 표현이 유용합니다.

'I'm under the weather', which means you are not felling well.
몸이 안 좋은 것 같아.

I'm as sick as a dog', which means you feel terrible.
기분이 정말 별로야.

However, you should know that these expressions should not be used in more formal settings. For example, do not say 'I'm as sick as a dog' to a doctor or your boss.

그렇지만 매우 공식적인 상황에서는 이러한 표현을 절대로 사용하면 안됩니다. 예를 들면, 의사나 당신의 상사에게 'I'm as sick as a dog'라고 말하지 마세요.

Topic 3

In a coffee shop
커피숍에서

Ordering a cup of coffee can be a very daunting(scary) thing, even though it seems like such a simple thing to do. I hope this unit can take away some of these fears and help you enjoy a nice cup of coffee. The conversation will be between a server and a customer.

비록 간단한 것처럼 보일지라도 커피를 주문하는 것은 매우 두려운(겁나는) 일이 될 수도 있습니다. 저는 이번 장이 그런 두려움을 없애고 여러분이 커피를 즐길 수 있도록 도움이 되길 바랍니다. 다음의 대화들은 점원과 고객과의 대화입니다.

What can I get you?

A ❶ Hello and welcome to Polly's Coffee. How can I help?

❷ What can I get you?

❸ How can I help you?

❹ What would you like?

❺ What can I get for you?

❶❷❸❹❺

B I would like an Americano, please.

Can I have a Latte, please?

A Mocha, please.

I would like a Cappuccino, please.

Can you get me a Hot Chocolate, please?

Any of the above answers can be answered with any of the above questions.
모든 답변이 위 질문에 대한 대답이 될 수 있습니다.

A 안녕하십니까, Polly's Coffee에 오신 걸 환영합니다. 무엇을 도와드릴까요?

당신께 무엇을 드리면 되나요?

어떻게 도와드릴까요?

무엇을 드시겠습니까?

무엇을 가져다 드릴까요?

B 아메리카노 한 잔 부탁합니다.

라떼 한 잔 마실 수 있을까요?

모카로 할게요.

카푸치노를 마시고 싶습니다.

핫초코를 가져다 줄 수 있습니까?

Remember to say 'please' when ordering something. It could be the difference between getting good service and bad service.

주문할 때 'please'를 붙여서 말하세요. 이것은 좋은 서비스를 받느냐 나쁜 서비스를 받느냐의 차이가 될 수도 있습니다.

Try not to use the expression 'I want···' This can come across as a little rude, and I'm sure you do not want to offend anyone.

'I want ···'와 같은 표현을 사용하지 마세요. 이것은 약간 무례해 보입니다. 당신이 어느 누구에게도 모욕감을 주지 않으리라 확신합니다.

002

What size would you like?

A ❶ Would you like small, medium or large?
  ❷ What size would you like?
  ❸ What size can I get you?
  ❹ What size?

  ❶❷❸❹
B   I would like a large, please.
   Medium, please.
   Grande, please.
   A tall please.
   Vente, please.

Any of the above answers can be answered with any of the above questions.
모든 답변이 위 질문에 대한 대답이 될 수 있습니다.

A 작은 것, 중간, 큰 것 중에 어떤 것으로 하시겠습니까?

어떤 사이즈로 하시겠습니까?

무슨 사이즈로 드리면 되나요?

어떤 사이즈를 원하시나요?

B 큰 사이즈로 하고 싶습니다.

중간 사이즈로 주세요.

Grande 사이즈로 주세요.

Tall 사이즈로 부탁합니다.

Vente 사이즈로 주세요.

Talking Tip

Depending on the coffee shop you are in the size may vary. For example, small coffee shops may have small, medium or large coffee, while large chains such as Starbucks have 4 sizes(short/tall/grande/vente).

Furthermore, you should be wary of the size difference in Western countries. For example, a large coffee in Korea may be the same as a medium coffee in America, therefore, a large coffee may be too much for you. Ask to see the size or have a look at the cups on the coffee counter before you order.

커피 전문점에 따라서 커피의 사이즈는 다를 수 있습니다. 예를 들어, 작은 커피 전문점의 경우 small, medium, 혹은 large가 있을 수 있고, 반면 스타벅스와 같은 큰 커피 전문 체인점은 4가지 사이즈(short/tall/grande/vente)를 가지고 있습니다.

게다가 서양에서는 컵의 사이즈가 다르다는 것을 유의해야 합니다. 예를 들면, 한국에서 큰 사이즈의 커피 한 잔이 미국에서 중간 사이즈의 한 잔과 같을 지도 모릅니다. 그래서 큰 커피 한 잔은 당신에게 너무 많을 수도 있습니다. 주문을 하기 전에 점원에게 컵의 사이즈를 보여 달라고 요청하거나 카운터에서 컵의 사이즈를 한 번 보시기 바랍니다.

Would you like syrup?

A ❶ Would you like syrup?
　 ❷ Would you like some sugar?

❶❷
B 　 Yes, please.
　　 Just a little please.
　　 Not much please.
　　 A lot please.

A 　 시럽을 첨가하시겠습니까?
　　 설탕을 넣어 드릴까요?

B 　 네, 넣어 주세요.
　　 조금만 부탁합니다. / 너무 많이는 넣지 마세요. / 많이 넣어 주세요.

Any of the above answers can be answered with any of the above questions.
모든 답변이 위 질문에 대한 대답이 될 수 있습니다.

In most coffee shops you are able to add sugar yourself at the self service counter, so you may not have to worry about sugar or syrup when ordering a coffee.

대부분의 커피 전문점에서는 셀프 서비스 코너에서 설탕을 첨가할 수 있습니다. 그래서 주문할 때 설탕이나 시럽에 관해 걱정할 필요는 없습니다.

As I will highlight many times throughout this book, it is important to know that saying 'please' after answering a question will most likely get you better service.

제가 이 책을 통해서 여러 번 강조했듯이, 질문에 대한 대답을 한 후에 'please'를 붙여 말하는 것은 당신에게 더 나은 서비스를 제공할 것이기 때문에 반드시 알아두어야 합니다.

Common Mistake

Try not to confuse the words 'much' and 'a lot'. The previous examples show a positive statement, where 'a lot' is used and a negative statement where 'much' is used. We usually use 'a lot' when we have or want something("I have/want a lot of money") and 'much' when we don't have/want something("I don't have/want much money").

'Much'와 'a lot'을 혼동하지 마세요. 앞의 예제에서 'a lot'은 긍정문에서 사용되었고, 'much'는 부정문에서 사용되었습니다. 우리는 흔히 'I have/want a lot of money'와 같이 긍정문에서 'a lot'을 사용하고, 'I don't have/want much money'처럼 부정문에서 'much'를 사용합니다.

Do you have a point card?

A ❶ Do you have a point card?
　 ❷ Do you have a stamp card?

　 ❶❷
B 　 Yes, I do. Here. / No, I don't, but I would like one.
　 　 Yes, here. / No, I don't.

A 　 적립 포인트 카드를 소지하고 계신가요?
　 　 적립 카드를 가지고 있나요?

B 　 네, 가지고 있습니다. 여기요. / 아니요, 없습니다. 그렇지만 하나 갖고 싶은데요.
　 　 네, 여기요. / 아니요, 없어요.

Any of the above answers can be answered with any of the above questions.
모든 답변이 위 질문에 대한 대답이 될 수 있습니다.

In most coffee shops you will find that you can get stamp or point cards, which are useful if you visit the coffee shop often. However, be careful, as most stamp cards have an expiry date.

대부분의 커피 전문점에서는 적립 카드 혹은 포인트 카드를 제공하고 있습니다. 만약 당신이 커피 전문점을 자주 방문한다면 그것들은 유용할 것입니다. 그러나 조심하세요. 대부분의 적립카드는 만기일이 있습니다.

Would you like any food with that?

A ❶ Would you like any food with that?

❷ Would you like any food?

❸ Are you interested in ordering any food?

❹ Would you like to try the…?

❶❷❸❹

B No thanks, that's all.

No thanks.

No, just the coffee please.

Yes, please. Can I get a chicken sandwich too?

Any of the above answers can be answered with any of the above questions.
모든 답변이 위 질문에 대한 대답이 될 수 있습니다.

A 커피와 다른 음식을 함께 드시겠습니까?

다른 음식도 함께 드시겠습니까?

다른 음식도 주문하실 건가요?

…을 드셔 보시겠습니까?

B 아니요, 괜찮습니다. 그게 전부입니다.

아니요, 괜찮습니다.

아니요, 단지 커피 한 잔만 주세요.

네, 부탁드립니다. 치킨 샌드위치도 주실 수 있나요?

Talking Tip

You may find that in some coffee shops in Western countries they will also offer you something in addition to what you have already ordered. If this is the case, and you do not want anything else, then you can politely say 'No thanks', like the previous examples show.

서양의 커피 전문점에서는 당신이 이미 주문한 것 이외에 또 다른 무언가를 제공할 것입니다. 만약 그런 경우, 당신이 아무것도 원하지 않는다면 위에서 보여준 예처럼 그저 공손하게 'No thanks'라 고 말하세요.

Common Mistake

This may sound very obvious, but I have often heard students confuse the words 'chicken' and 'kitchen' because of their similar sound.

이것은 아마도 매우 분명한 것일지도 모릅니다. 그렇지만 저는 자주 학생들이 'chicken'과 'kitchen'을 혼동해서 말하는 것을 들었습니다. 그 이유는 바로 두 단어의 발음이 비슷하기 때문입니다.

A ❶ Can I get you anything else?

❷ Would you like anything else?

❸ Anything else?

❹ Will that be all?

❺ Is that all?

B ❶ No thanks, that's all.

❷ No, that will be all. Thanks.

❸ Yes, can I also have a chicken sandwich? / Yes, I would also like a bagel with cream cheese.

❹ Yes, thanks. / No, I would like a chocolate muffin as well.

❺ Yes, that is all. Thanks.

A 다른 더 필요한 것은 없습니까?

더 필요한 것이 무엇입니까?

더 필요한 것은 없나요?

그것이 전부인가요?

그게 전부입니까?

B 아니요, 괜찮습니다. 그것이 전부입니다.

아니요, 그것이 전부입니다. 고맙습니다.

네, 치킨 샌드위치를 먹을 수 있을까요? / 네, 크림치즈를 얹은 베이글을 부탁할게요.

네, 고맙습니다. / 아니요, 초콜릿 머핀도 먹고 싶은데요.

네, 그것이 전부입니다. 고맙습니다.

006

That will be two dollars.

A ❶ That will be two dollars.

❷ Ok, that's two dollars.

❸ That's two dollars in total.

❶❷❸

B Here you are.

Here you go.

There you are.

A 2달러입니다.

네, 2달러입니다.

전부 2달러입니다.

B 여기 있습니다.

여기요.

여기 받으세요.

Any of the above responses can be answered with any of the above statements.
모든 답변이 위 서술에 대한 대답이 될 수 있습니다.

Please sign here.

If you are paying by card, the server will swipe your card and say:

만약 당신이 카드로 지불한다면, 점원은 카드리더기에 카드를 읽히고 나서 당신에게 말할 겁니다.

❶❷❸

A ❶ Please sign here.   **B** Sure.
❷ Sign, please.   No problem.
❸ Please sign.   OK.

A 여기에 사인을 해주세요.   **B** 물론이죠.
사인 부탁드립니다.   네, 그래야죠.
사인해주세요.   알겠습니다.

Talking Tip

Any of the above responses can be answered with any of the above statements.
모든 답변이 위 서술에 대한 대답이 될 수 있습니다.

Please note that some Western countries require you to type in your pin number instead of signing. If this happens and you do not have a pin number, tell them that you do not have a pin number and they will usually let you sign. You should also know that your signature should match the signature on the back of your card.

일부 서양 국가에서는 당신에게 서명을 하는 대신에 당신의 개인 식별번호를 입력하라고 요구합니다. 만약 이런 일이 발생하고, 당신의 개인 식별번호가 없다면, 그들에게 식별 번호가 없다고 말하세요. 그러면 그들이 당신에게 사인을 하라고 할 겁니다. 당신의 서명이 당신의 카드 뒷면에 기재된 서명과 일치해야 한다는 것을 알아야 합니다.

Enjoy your coffee.
Have a nice day.

A ❶ Enjoy your coffee. Have a nice day.
❷ Thank you. Have a great day.
❸ Many thanks. Enjoy your day.

❶❷❸
B Thanks. You too.
You too.
Enjoy your day too.

A 커피 맛있게 드시고 좋은 하루 되세요.
고맙습니다. 좋은 하루 보내세요.
정말 고맙습니다. 즐거운 하루 되세요.

B 고맙습니다. 당신도요.
당신도 좋은 하루 보내요.
당신도 즐거운 하루 보내요.

Any of the above responses can be answered with any of the above statements.
모든 답변이 위 서술에 대한 대답이 될 수 있습니다.

The server will usually wish you a good day after you have ordered. If this happens, you should also wish them a good day, like the examples show on page 68, because you could appear rude if you do not.

점원은 당신이 주문을 한 후에 좋은 하루가 되길 빌 것입니다. 만약 이런 일이 일어난다면 당신 또한 위에 있는 예처럼 그들에게 좋은 하루가 되라고 말해야 합니다. 그렇지 않으면 당신이 무례한 사람으로 보일 수도 있기 때문입니다.

Common Mistake

Although you do not have to worry about this when speaking because they sound the same, please remember that the words 'your' and 'you're' have completely different meanings. 'Your' is a possessive pronoun used to express something that belongs to a person("your dog is very cute"). 'You're' is a contraction of 'you are'("you are very handsome"). Like I mentioned, it is not important when speaking, but it is quite a common mistake when writing.

비록 이것을 말하는 동안은 발음이 같기 때문에 걱정할 필요가 없지만, 'your'와 'you're'는 완전히 다른 의미라는 것을 꼭 기억하세요. 'Your'는 소유격 대명사로 한 사람에게 속하는 어떠한 물건을 표현할 때 사용됩니다("당신의 개는 매우 귀엽습니다"). 'You're'는 'you are'의 줄임말("당신은 정말 잘 생겼습니다")로 사용됩니다. 언급했듯이, 이것은 말할 때는 중요하지 않습니다. 그러나 글을 쓸 때 꽤 흔한 실수 중 하나입니다.

Common Mistake

Another common error I have heard at times is "Have a fine day!" Although this is grammatically correct, the more commonly used expression is "Have a nice day".

제가 자주 들어본 또 다른 실수는 "Have a fine day!"입니다. 비록 이 표현은 문법적으로는 맞지만, 실제로는 사용하지 않는 어색한 표현입니다. 더 일반적으로 사용되는 표현은 "Have a nice day"입니다.

Asking for something

요구할 때

If you need to use a pay phone or wash clothes at a launderette (a public place to wash clothes), you may have the need to ask someone for change (coins). Furthermore, if you do not have a watch or phone when traveling, it is quite common to have to ask someone what the time is. This unit will enable you to do both these things.

공중전화를 사용하거나 launderette(셀프 빨래방)에서 세탁을 해야 한다면, 누군가로부터 동전을 얻어야 할지도 모릅니다. 더군다나 여행 도중 전화기나 손목시계를 소지하고 있지 않다면, 누군가에게 시간을 물어 보는 것은 흔히 있을 수 있는 일 입니다. 이번 장에서는 위의 두 가지 상황에 대해서 다룰 것입니다.

001

Excuse me. Do you have change for a dollar?

Excuse me...

Pardon me...

I beg your pardon...

Sorry to bother you...

실례합니다…

실례합니다…

죄송합니다만…

미안합니다만…

Talking Tip

The first point I would like to make is to be polite. Remember, you are asking someone for their help, so it is very important to use one of the above sentences to start your question. If you do not you could appear rude, resulting in that person not wanting to help you.

첫 번째로 제가 말하고자 하는 것은 예의 바르게 다가가는 것입니다. 누군가에 도움을 요청하는 것이기 때문에, 낯선 사람에게 말을 걸 때 위에 제시된 문구와 함께 질문을 하는 것은 매우 중요합니다. 그렇지 않으면 당신은 무례한 사람으로 오인 받을 수 있습니다. 결과적으로 그 낯선 사람은 당신을 도우려 하지 않을 것입니다.

Excuse me. Do you have change for a dollar?

Pardon me. Can you change a dollar?

Excuse me. Can you break a dollar?

Sorry to bother you. Could you change a dollar?

실례합니다. $1을 교환할 동전이 있습니까?

실례합니다. 동전으로 $1을 교환해 주실 수 있나요?

실례합니다. $1 동전으로 바꿀 수 있을까요?

죄송합니다만, $1을 동전으로 교환하고 싶습니다.

Talking Tip

All of the above sentences mean the same thing, so you only have to remember one of them.

위의 문장은 모두 같은 의미입니다. 그러므로 위의 문장 중 한 가지만 기억하세요.

Common Mistake

Please take serious note of the sentences above and try not to confuse them. If you begin the question with 'Do you', then you should finish with 'have change for a dollar' and if you start the question with 'Can you', you should finish with 'change a dollar' or 'break a dollar'. Do not get these two confused. I remember someone asking me 'Can you change for a dollar?' This is wrong.

위의 문구를 사용할 때 올바른 전치사 사용을 위해 메모를 해두세요 그리고 혼동하지 마세요. 만약 당신이 동전을 교환하고자 질문을 할 때 'Do you'로 시작하는 질문을 한다면, 반드시 'have change for a dollar'로 질문을 끝내야 합니다. 그리고 'Can you'로 시작하는 하는 질문이라면 반드시 'change a dollar' 또는 'break a dollar'로 끝나야 합니다. 이 두 가지를 혼동하지 마세요. 몇몇 사람이 내게 'Can you change for a dollar?'라고 묻는 경우가 있었는데 이것은 정확한 표현이 아닙니다.

Yes, I do. Wait a moment.

If you do have change, you could say:

만약 잔돈이 있다면 이렇게 말하세요.

A ❶ Yes, I do. Wait a moment.

❷ Sure, here.

❸ Yes, wait a minute.

❹ Let me see... yes I do.

❺ One moment. Yes, here you are.

❶❷❸❹❺

B Thank you very much.

I really appreciate it, thanks.

Many thanks.

Thank you very much indeed.

Thank you very much.

Any of the above responses can be answered with any of the above statements.
모든 답변이 위 서술에 대한 대답이 될 수 있습니다.

If you don't have change, you could say:

만약 잔돈이 없다면 이렇게 말하세요.

A
❶ I'm sorry, I don't have any change.
❷ Sorry, but I don't .
❸ Let me check... no I don't, sorry.
❹ Let me check... sorry, but no.
❺ No, I don't.

❶❷❸❹❺
B
That's ok. Thanks anyway.
No problem. Thanks for your time.
It's ok. Thank you anyway.
No problem, thanks.
Thank you anyway.

Any of the above responses can be answered with any of the above statements.
모든 답변이 위 서술에 대한 대답이 될 수 있습니다.

A
네, 있습니다. 잠시만 기다리세요.
물론이죠, 여기 있습니다.
네, 잠깐만요.
글쎄요… 네, 있습니다.
잠시만요. 네, 여기 있네요.

미안합니다. 동전이 없네요.
미안해요, 없네요.
잠깐만요, 없네요, 미안합니다.
확인해보죠, 미안하지만 없습니다.
없어요.

B
정말 고맙습니다.
감사할 따름이네요.
감사합니다.
정말로 고맙습니다.
정말 고맙습니다.

괜찮아요. 감사합니다.
괜찮습니다. 시간 내주셔서 고맙습니다.
괜찮아요. 어쨌든 고맙습니다.
괜찮습니다. 고마워요.
어쨌든 고맙습니다.

In most cases, you will need to give the person time to check whether they have change or not. If this happens, you should wait patiently with a smile on your face.

대부분의 경우, 상대방이 동전이 있건 없건 그들에게 동전을 찾을 시간을 줘야 합니다. 이러한 경우 인내심을 가지고 얼굴에 미소를 띄우며 상대방을 기다리세요.

It is always important to show appreciation to the person you ask by saying 'thanks', as the previous examples show. They are taking their time to help you, so it is only appropriate to be polite to them.

You should also thank them if they are not able to give you change. Remember, they still took the time to look and answer you.

위의 예에서 보여 주듯이, 'thanks'라고 말하면서 상대방에게 감사를 표현하는 것은 항상 중요합니다. 그들은 당신을 도우려고 했기 때문에 그렇게 말하는 것이 그들에 대한 예의를 표하는 가장 적절한 방법입니다.

상대방이 교환해줄 동전이 없을 지라도 그들에게 감사하다고 해야 합니다. 그들은 당신을 도와주려고 했고 응답해주었다는 것을 기억하세요.

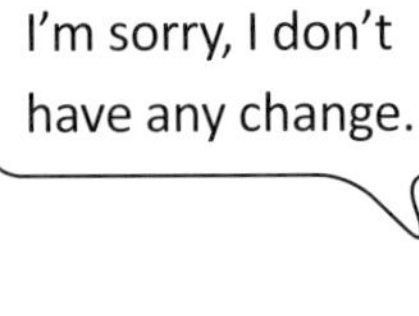

003

Excuse me...

Pardon me...

I beg your pardon...

Sorry to bother you...

실례합니다…

실례합니다…

실례하겠습니다…

죄송하지만…

Talking Tip

As previously stated, it is very important to be polite. Again, remember you are asking someone for their help, and they may not want to help you if you are not polite.

이전 장에서와 마찬가지로 예의 바르게 접근하는 것은 매우 중요합니다. 다시 한 번 말하지만, 당신은 그들에게 도움을 요청하고 있다는 것을 기억하세요. 그리고 당신이 무례하게 행동한다면 그들은 당신을 돕고 싶지 않을 것입니다.

Excuse me. Do you have the time?

Pardon me. Do you mind telling me the time?

Excuse me. Could you tell me the time?

Sorry to bother you. Do you have the time?

실례합니다. 시간 좀 알려 주실 수 있나요?

실례합니다만 몇 시인지 물어봐도 되겠습니까?

실례합니다. 지금이 몇 시인가요?

죄송합니다만 시간을 확인하고 싶은데요?

Common Mistake

Saying "What's the time?" may seem fine, but can come across a little rude when talking to a stranger. Try to use one of the above examples instead.

"What's the time?"이라고 말하는 것은 올바른 표현이지만, 낯선 사람에게 그렇게 물어보는 것은 약간 무례할 수도 있습니다. 대신에 위의 예 중에서 하나의 표현을 사용하세요.

Sure, it's one o'clock.

If you do have the time, you could say:

만약 시간을 알고 있다면 이렇게 말하세요.

A
- ❶ Yes, I do. It's one o'clock.
- ❷ Sure, it's one o'clock.
- ❸ Yes, it's one o'clock.
- ❹ Let me see, it's one o'clock.
- ❺ One moment. Yes, it's one o'clock.

❶❷❸❹❺

B
- Thank you very much.
- I really appreciate it, thanks.
- Many thanks.
- Thank you very much indeed.
- Thank you very much.

Any of the above responses can be answered with any of the above statements.
모든 답변이 위 서술에 대한 대답이 될 수 있습니다.

If you don't have the time, you could say:

만약 시간을 모른다면 이렇게 말하세요.

A ❶ I'm sorry, I don't have the time.
❷ Sorry, but I don't.
❸ No I don't, sorry.
❹ Sorry, but no.
❺ No, I don't.

❶❷❸❹❺

B That's ok. Thanks anyway.
No problem. Thanks for your time.
It's ok. Thank you anyway.
No problem, thanks.
Thank you anyway.

Any of the above responses can be answered with any of the above statements.
모든 답변이 위 서술에 대한 대답이 될 수 있습니다.

A
네, 한 시입니다.
물론이죠, 한 시 정각이네요.
네, 한 시요.
확인해볼게요, 한 시군요.
잠깐만요, 네, 한 시입니다.

미안합니다. 저도 시계가 없네요.
미안해요, 잘 모르겠네요.
미안해요, 모르겠어요.
미안합니다. 모르겠어요.
안타깝지만 저도 시계가 없어요.

B
정말 고맙습니다.
정말 감사합니다.
무척이나 감사합니다.
정말로 고맙습니다.
매우 감사합니다.

괜찮아요. 어쨌든 고맙습니다.
괜찮아요. 시간 내주셔서 고맙습니다.
괜찮아요. 어쨌든 고맙습니다.
괜찮아요. 고마워요.
어쨌든 고맙습니다.

Again, it is very important to say thank you to the person you ask, as they are helping you. You should say thank you even if the person you are asking is unable to help you.

다시 한 번, 상대방으로부터 도움을 받게 되게 되면 그들에게 감사하다고 하는 것은 매우 중요합니다. 비록 상대방이 도움을 주지 못했더라도 반드시 고맙다고 말해야 합니다.

There are some differences between American English and British English when telling the time. While the British would say 'quarter past one' to denote 1:15, Americans would more likely say 'a quarter after one'. If the time is 1:45, the British would say 'quarter to two', while Americans might use 'A quarter before two'.

시간을 말할 때, 미국식 영어와 영국식 영어의 차이가 있습니다. 영국식 영어에서는 1시 15분을 가리켜 'quarter past one'이라고 하지만, 미국식 영어에서는 'a quarter after one'이라고 합니다. 1시 45분이라면 영국인들은 'quarter to two'라고 하는 반면, 미국인들은 'A quarter before two'라고 합니다.

Another small difference is the way time is written. Americans always write digital times with a colon(1:00), whereas in British English a point is used(1.00).

또 다른 작은 차이점은 시간 표기법입니다. 미국인들은 항상 콜론(1:00)을 사용한 디지털 시간 표기법을 사용합니다. 반면에 영국식 표기법은 점을 사용합니다(1.00).

Topic 5

At the restaurant
레스토랑에서

In this topic you will learn how to ask and answer questions at a restaurant. This lesson is not designed to tell you what foods to order, but rather how to order the food. The conversation will be between a waiter and a customer.

이번 토픽에서는 레스토랑에서 어떻게 질문과 대답을 하는지 알려줄 것입니다. 이번에는 어떤 음식을 주문하는지 보다는 어떻게 음식을 주문하는지에 관해 초점을 두고 있습니다. 다음 상황은 웨이터와 손님 간의 대화입니다.

How many are in your party?

A ❶ How many are in your party?

❷ How many people?

❸ How many?

❹ How many seats would you like?

❺ Table for...?

❶❷❸❹❺

B There are two of us.

Four people.

Just the two.

Two seats please.

Two please.

Any of the above answers can be answered with any of the above questions.
모든 답변이 위 질문에 대한 대답이 될 수 있습니다.

A   몇 분이 오셨습니까?

몇 명이 오셨나요?

몇 분이세요?

몇 명이 오시나요?

몇 분이 오셨나요?

B   두 명입니다.

네 명입니다.

두 명이요.

두 명입니다.

두 명이요.

Talking Tip

When you arrive at a restaurant the previous question is the first question the waiter is likely to ask in order to find out exactly how many people are eating.

당신이 레스토랑에 도착했을 때, 첫 번째로 웨이터는 정확하게 몇 명의 손님이 오는지 확인하기 위해서 앞과 같은 질문을 할 것입니다.

Common Mistake

Just so you know, the word 'party' used on the previous page, refers to whoever is with you. It does not necessarily have to be a large group of people.

알아두세요. 이전 페이지에서 언급했던 'party'는 당신과 함께 있는 사람을 의미합니다. 이는 곧 'party'가 되기 위해서 많은 수의 구성원은 필요 없다는 말입니다.

002

Inside or outside?

A ❶ Inside or outside?

❷ Would you like to sit inside or outside?

❶❷

B Inside, please.

Could we have a table outside?

A 안쪽 혹은 바깥쪽, 어디서 식사하시겠습니까?

실내와 실외 중에서 어느 곳에서 식사하길 원하십니까?

B 안쪽으로 하겠습니다.

야외에서 식사를 해도 되나요?

Talking Tip

Any of the above answers can be answered with any of the above questions.
모든 답변이 위 질문에 대한 대답이 될 수 있습니다.

Depending on the restaurant you might be asked whether you want to sit inside or outside.

레스토랑에 따라 실내와 실외 중 어디서 식사를 할지 물어볼 수도 있습니다.

A ❶ Smoking or non-smoking?

❷ Would you like to sit in the smoking area?

❸ Which do you prefer, smoking or non-smoking?

❶❷❸

B Smoking, please.

We'd like to sit in the non-smoking area.

Non-smoking, please.

A 흡연석과 금연석 중 어디로 하시겠습니까?

흡연석에 앉으시겠습니까?

흡연석과 금연석 중에 어디 앉으시겠습니까?

B 흡연석으로 부탁합니다.

금연석으로 부탁드립니다.

금연석에 앉고 싶습니다.

Any of the above answers can be answered with any of the above questions.
모든 답변이 위 질문에 대한 대답이 될 수 있습니다.

Although I have used the above examples, you should know that most restaurants in Western countries no longer allow smoking, therefore the waiter may not ask any of the above questions.

비록 위의 예제로 흡연석과 금연석을 구분했지만, 대부분의 서양 국가에서는 레스토랑 내 흡연을 금하고 있습니다. 그러므로 웨이터는 위와 같은 질문을 물어보지 않을 수도 있습니다.

A ❶ Ok, follow me please.

　　❷ Right this way.

　　❸ I will show you to your table.

　　❶❷❸

B 　Ok, thanks.

　　Thank you very much.

　　Much appreciated.

Any of the above responses can be answered with any of the above statements.
모든 답변이 위 서술에 대한 대답이 될 수 있습니다.

A 좋습니다. 저를 따라 오시죠.

이쪽입니다.

테이블로 안내해 드리겠습니다.

B 네, 고맙습니다.

감사합니다.

정말 고맙습니다.

Talking Tip

Notice how polite the customer is in the previous sentences. Saying 'please' and 'thank you' as you arrive at a restaurant can have a very positive effect on your service, as most waiters respond positively to politeness. After you are seated it is quite common for a waiter to introduce himself/herself before taking your order. If this happens you can just smile politely.

앞의 예에서 얼마나 손님이 예의 바른지 살펴보시기 바랍니다. 레스토랑에 도착했을 때 'please' 와 'thank you'라고 말함으로써 당신은 더 좋은 서비스를 받을 수 있습니다. 왜냐하면 대부분은 웨이터는 공손한 태도에 대해서 긍정적으로 응대합니다. 당신이 자리에 앉은 후에 웨이터나 웨이트리스는 주문을 받기 전 자신들을 소개합니다. 그때는 그저 공손히 웃으면 됩니다.

Would you like to see a menu?

A ❶ Would you like to see a menu?

❷ Here are your menus. I will be back shortly to take your order.

B ❶ Yes, please. / No, thank you. We know what we are having.

❷ Thank you. / Thank you very much.

A 메뉴를 보여 드릴까요?

메뉴, 여기 있습니다. 곧 주문을 받기 위해 돌아오겠습니다.

B 네, 부탁해요. / 아니요, 이미 무엇을 먹을지 정했습니다.

고맙습니다. / 정말 감사합니다.

Would you like to know the specials?

A ❶Would you like to know the specials?

B ❶Yes, please. / No thank you.

A Today's specials are...
Today, our special is...

A 특별 요리를 소개해 드릴까요?

B 네, 부탁합니다. / 아니요, 괜찮습니다.

A 오늘의 특별 요리는…
오늘, 저희의 특별 요리는…

Talking Tip

In most cases a restaurant will have 'a special', which is usually something the restaurant has made for that day only. It is polite to listen to what the specials are, even if you have no interest in ordering one of them.

대부분의 레스토랑은 그 날의 특별 요리를 제공하고 있습니다. 비록 당신이 그것을 주문하지 않을지라도 특별 요리에 관해 들어보는 것은 예의 바른 행동입니다.

Are there any specials today?

A ❶ Can you tell me today's special?

❷ What is today's special please?

❸ Are there any specials today?

❹ What do you recommend?

❺ Do you have any recommendations?

B ❶ Certainly. Today's specials are...

❷ The special is...

❸ Yes, the specials are...

❹ I recommend the...

❺ Yes, I recommend trying the...

A
오늘의 특별 요리를 말해주실래요?

오늘의 특별 요리는 무엇인가요?

오늘의 특별한 요리가 있습니까?

특별한 요리를 추천해 주시겠어요?

추천할 만한 요리가 있습니까?

B
물론입니다. 오늘의 특별 요리는…

오늘의 특별 요리는…

네, 특별요리는…

…을 추천하고 싶습니다.

네, …요리를 권하고 싶습니다.

Talking Tip

If the waiter has not informed you of the specials, it is perfectly ok to ask them to do so.

만약 웨이터가 특별 요리를 언급하지 않는다면, 그들에게 물어봐도 괜찮습니다.

Common Mistake

If at any time you do not understand what the waiter is saying, you should ask them to repeat themselves. See Topic 1 for ways to do this.

언제든지 웨이터의 말을 이해하지 못했다면, 반드시 다시 한 번 말해달라고 해야 합니다. 이 부분은 Topic 1에 자세히 나와 있습니다.

Are you ready to order?

A ❶ Are you ready to order?

❷ Would you like some more time?

B ❶ Yes, I am.

❶ No, I need more time please.

❶ Could you give me a few more minutes please?

❷ Yes please.

❷ No, we are ready to order.

A 주문하시겠습니까?

  잠시 후에 다시 올까요?

B 네, 주문하겠습니다.

  아니요, 조금 있다가 하겠습니다.

  메뉴를 조금 만 더 봐도 될까요?

  네, 이따가 주문하겠습니다.

  아니요, 지금 주문하겠습니다.

Talking Tip

Saying you need 'a few more minutes' or 'a couple more minutes' is a good way to stall for more time.

'A few' usually means three or four, and 'a couple' means two, when counting, but when talking about time 'a few' and 'a couple' both mean an unspecific amount of time that is not too long. So saying, "Can you give me a couple of/a few minutes?" is the same as saying "Can you give me more time?"

'a few more minutes' 혹은 'a couple more minutes'라고 말하는 것은 주문할 시간을 버는 좋은 방법입니다.

숫자를 셀 때 'A few'는 보통 셋 또는 넷 그리고 'a couple'은 둘을 의미하지만, 시간을 말할 때 'a few'와 'a couple'은 둘 다 그리 길지 않은 불 특정시간을 의미합니다. 그러므로 "Can you give me a couple of/a few minutes?"이라고 말하는 것은 "Can you give me more time?"이라고 말하는 것과 같습니다.

Common Mistake

Try not to answer these types of questions with just 'yes'/'no' answers. It is much better to answer in a sentence.

이러한 종류의 질문에 '네' 혹은 '아니요'와 같이 짧은 형태로 답변하지 마세요. 문장 형태의 대답이 훨씬 좋습니다.

What would you like?

A ❶ Hello, can I take your order?

❷ Good afternoon. What can I get you?

❸ Good evening. What would you like?

❶❷❸

B I would like the…

Please could I have the… / I'll have the…

I would like the… / May I have the…

Any of the above answers can be answered with any of the above questions.
모든 답변이 위 질문에 대한 대답이 될 수 있습니다.

A ┊ 안녕하십니까? 어떤 음식을 드시겠습니까?

┊ 좋은 오후입니다. 무엇을 가져다 드릴까요?

┊ 좋은 저녁입니다. 무엇을 드시겠습니까?

B ┊ …을 먹고 싶습니다.

┊ …을 먹을 수 있을까요? / …으로 하겠습니다.

┊ …을 먹고 싶네요. / …을 가져다주시겠습니까?

Notice how the customer uses 'I would like' and 'May I have'. This is the polite form used when asking for or requesting something.

'I would like', 'May I have'와 같이 손님이 어떻게 주문하는지 알아두세요. 무언가를 질문하거나 요청할 때 이러한 형태로 질문하는 것이 바람직합니다.

Common Mistake

Never say 'I want…' or 'Get me…' when requesting something, as this is extremely rude and could change the nature of your service.

무언가를 요청할 때, 절대로 'I want …' 또는 'Get me …'와 같이 말하지 마세요. 그것은 굉장히 무례한 표현입니다. 그리고 여러분이 받게 될 서비스의 수준까지도 영향을 줄 수 있습니다.

009

How would you like your steak?

A ❶How would you like your steak?

❷Would you like your steak rare, medium or well done?

❶❷

B Medium-rare, please.

I would like it well done, please.

A 고기는 어떻게 구워 드릴까요?

덜 익힌, 중간, 많이 익힌 중에서 어떻게 고기를 구워 드릴까요?

B 중간 정도로 덜 익혀 주세요.

많이 익혀 주시기 바랍니다.

Any of the above answers can be answered with any of the above questions.
모든 답변이 위 질문에 대한 대답이 될 수 있습니다.

Whenever you order steak or a similar dish, the waiter will likely ask you whether you would like it rare, medium, or well done. If he/she doesn't, make sure you tell the waiter.

여러분이 스테이크나 그와 유사한 음식을 주문할 때마다 웨이터는 손님이 어느 정도 익힌 고기를 먹을지 물어볼 것입니다. 만약 이러한 질문을 하지 않는다면 반드시 웨이터에게 물어보세요.

Would you like a starter?

A ❶ Would you like a starter?

　 ❷ Any starter?

　 ❶❷

B No thanks.

　 Yes, please. I'd like the…

　 No thanks. Just the main.

　 Yes, I will have the…

A 전채 요리를 드시겠습니까?

　 어떤 전채 요리를 드시겠습니까?

B 아니요, 괜찮습니다.

　 네, … 을 먹고 싶습니다.

　 아니요, 메인 요리로 충분합니다.

　 네, … 으로 가져다주세요.

Talking Tip

Any of the above answers can be answered with any of the above questions.
모든 답변이 위 질문에 대한 대답이 될 수 있습니다.

After you order the main dish is it is customary for the waiter to ask if you would like a starter. This is entirely up to you, and you do not have to order one if you do not want.

관례적으로 메인 요리를 주문하고 나면 웨이터는 전채 요리를 주문할지 물어봅니다. 이것은 전적으로 여러분에게 달려있습니다. 그리고 원치 않는다면 주문할 필요는 없습니다.

Would you like anything to drink?

A ❶Can I get you anything to drink?

 ❷Would you like anything to drink?

 ❸What would you like to drink?

❶❷

B Yes, I'd like a coke please.

 No, I'm fine thank you.

 ❸Just water please.

 ❸Just tap water please.

A 음료는 무엇으로 가져다 드릴까요?

음료를 주문하시겠습니까?

어떤 음료를 드시겠습니까?

B 네, 콜라 한 잔 가져다주세요.

물 한 잔 가져다주세요.

물 한 잔이요.

아니요, 괜찮습니다.

Talking Tip

After you have finished ordering food the waiter will almost always ask you what you would like to drink. If you would just like water and don't want to pay, ask for 'tap water' or 'a glass of water' because it is free. If you just ask for water, you might be served bottled water and will be charged.

음식을 주문하고 나면 웨이터는 틀림없이 어떤 음료를 마실 건지 물어볼 것입니다. 만약 물 한 잔만 마시고 싶고 물 값을 내고 싶지 않다면, 'tap water' 또는 'a glass of water'라고 말하세요. 공짜이기 때문입니다. 만약 그냥 물을 마시고 싶다고 말하면, 물 한 병 값을 지불해야 할지도 모릅니다.

Common Mistake

Just so you know, in Korea the drink 'cider' is a non-alcoholic drink, like lemonade. However, in Britain, 'cider' is an alcoholic drink made from fermented apples. Be careful not to get them confused!

알아두세요. 한국에서 'cider'는 레몬에이드와 같이 알코올이 함유되지 않은 음료를 말하지만, 영국에서 'cider'는 알코올이 함유된 음료입니다. 혼동 될 수 있으니 주의하세요.

So that's a carrot soup to start, the main course
is steak and a glass of red wine. Right?

A So that's a carrot soup to start, the main course is steak and a glass of red wine. Right?

B That's right, thanks. / No, it was fish for the main course.

A 전채 요리로 당근 스프를 하셨고, 메인 요리로는 스테이크와 레드 와인 한 잔을 주문하셨습니다. 맞습니까?

B 네 맞아요, 고맙습니다. / 아니요, 생선 요리를 메인 요리로 주문했습니다.

When the waiter reads back the order it is important that you listen carefully because they are checking that they have written your order correctly. If you do not notice that they made a mistake at this point, it is possible you will not be able to do anything about it later. If you don't understand what the waiter is reading back to you or the waiter is speaking too fast, you can ask him to speak slower. See Topic 1– 'Language Problems' for more information on how to do this.

웨이터가 주문을 다시 한 번 확인할 때 주의 깊게 듣는 것이 중요합니다. 왜냐하면 주문을 정확하게 받아 적었는지 확인하기 때문입니다. 만약 이때 주의 깊게 듣지 않는다면, 이 과정에서 주문 중 실수가 발생할 수 있습니다. 그렇게 되면 나중에 그것에 관해 아무것도 할 수 없을지도 모릅니다. 만약 웨이터가 주문을 다시 한 번 읽어줄 때 잘 이해하지 못했거나 혹은 웨이터가 너무 빨리 이야기하면 천천히 이야기해달라고 말해야 합니다. 이 부분에 관해서는 1장의 '언어 문제'를 참조하기 바랍니다.

013

How is your food?

A
1. Is everything alright with your food?
2. How is your food?
3. Is everything ok?

B
1. Everything is great, thanks.
2. It's excellent, thank you.
3. No, the food was too cold.

A
음식이 입에 맞으신가요?
음식은 괜찮나요?
더 필요하신 건 없으신가요?

B
마음에 듭니다. 고맙습니다.
훌륭하군요. 고맙습니다.
아니요, 음식이 너무 차네요.

The last statement in the previous conversation is the customer complaining to the waiter. It is perfectly fine to complain if you are not happy about something; after all you are paying.

앞의 대화의 마지막 문장은 손님이 음식에 관한 불평을 하고 있습니다. 결국에는 음식값을 지불해야 하기 때문에, 여러분이 어느 것이라도 마음에 들지 않는 것이 있다면 그것에 관해 불평하는 것은 괜찮습니다.

Below is a list of other common complaints that can be made at a restaurant.
아래의 리스트는 레스토랑에서 자주 일어날 수 있는 몇 가지 불평입니다.

❶ Excuse me, we have been waiting for our food for 20 minutes.
❷ Pardon me, my steak is well done. I asked for medium.
❸ Excuse me, this is not what I ordered.
❹ Pardon me, I ordered salad, not fries.
❺ Excuse me, this fish tastes a little funny.
❻ Excuse me, this wine doesn't taste right.

❶ 실례합니다만, 벌써 20분 째 음식을 기다리고 있습니다.
❷ 잠시만요, 제가 고기를 중간으로 익혀 달라고 했는데, 바싹 익혀 왔습니다.
❸ 실례지만, 이건 제가 주문한 음식이 아닌데요.
❹ 실례합니다. 내가 주문 한 건 감자튀김이 아니라 샐러드입니다.
❺ 잠깐만요, 이 생선 요리 맛이 좀 이상합니다.
❻ 실례지만, 이 와인 맛이 좀 이상한데요.

Talking
Tip

Saying 'pardon me' is the same as saying 'excuse me' and we say this in order to get someone's attention. Also, remember it is much more polite to use one of these expressions, even if you are complaining.

'Pardon me'라고 말하는 것은 'excuse me'라고 말하는 것과 동일합니다. 그리고 이렇게 말하는 것은 누군가로부터 주의를 끌기 위함입니다. 또한, 심지어 불평을 하더라도 위의 예 중에서 한 가지 표현을 사용하는 것이 훨씬 공손하고 올바른 표현입니다.

014

If you are still unhappy, even after complaining, it is fine to ask to speak to the manager:

만약 불만을 표시했음에도 여전히 불만족스럽다면, 매니저와 이야기하는 것도 괜찮습니다.

A ❶ May I speak to your manager?

❷ I'd like to speak to the manager please.

B ❶❷ Certainly sir. I will just go and get him.

A 지배인을 불러 주시겠습니까?

매니저와 이야기할 수 있을까요?

B 물론입니다. 바로 불러 오겠습니다.

Even though you are unhappy, try to use the 'May I' or 'I'd like' form of the sentence when asking to see the manager. Do not order the waiter to 'get the manager' because your complaint may not be the waiters fault.

매니저를 보고 싶다고 요청을 할 때, 비록 불만족스러울지라도 'May I' 또는 'I'd like'와 같은 형태의 문장을 쓰려고 노력하세요. 웨이터에게 'get the manager'라고 명령하지 마세요. 왜냐하면 당신의 불평이 그 웨이터의 잘못이 아닐 수도 있기 때문입니다.

If there is something wrong with the food or the service it is possible to receive something free of charge. In this instance the waiter may say one of the following sentences:

만약 음식이나 서비스가 불만족스러웠다면 일부 음식 값에 대해 지불하지 않을 수도 있습니다. 이러한 경우 웨이터는 다음과 같은 문구를 말할 것입니다.

B Please accept this complementary bottle of wine.

Here is a free starter. Complements of the chef.

We apologize for the delay. Here is a free glass of wine.

B 이 와인 값에 대해서는 지불하지 않으셔도 됩니다.

무료 전채 요리입니다. 주방장께서 특별히 만드신 겁니다.

음식이 늦게 나온 것에 사과드립니다. 사죄의 뜻으로 와인 한 병을 드리겠습니다.

Talking Tip

Saying something is 'complementary' means it is free or it doesn't cost any money. A similar expression is 'on the house' (British English).

'Complementary'는 무료 혹은 비용이 들지 않음을 말합니다. 유사한 표현으로 'on the house' 가 있습니다(영국식 영어).

Common Mistake

The word 'complement' here is not to be confused with the word 'compliment'. Although they sound similar, they have different meanings, with 'compliment' being an expression of praise.

한국에서는 'complement'와 'compliment'가 혼동 되는 일은 없습니다. 비록 두 단어의 발음은 유사하지만, 의미는 다릅니다. 'compliment'는 누군가에게 호의적으로 말하는 것을 의미합니다.

O15

Would you like to see the dessert menu?

A common formality is for the waiter to ask if you would like to order dessert after you finish the main course.

메인 음식을 다 먹은 후 웨이터가 디저트를 먹을지 물어보는 것은 으레 있을 수 있는 일입니다.

A ❶ Would you like to see the dessert menu?

❷ Would you like dessert?

❸ May I show you the dessert menu?

❶❷❸

B No, thank you. Just the bill. / Yes, please.

Yes, please. Can we see the menu? / Can I look at the menu?

No, we are fine. Thanks.

Any of the above answers can be answered with any of the above questions.
모든 답변이 위 질문에 대한 대답이 될 수 있습니다.

A 디저트 메뉴를 보시겠습니까?

디저트를 드시겠습니까?

디저트 메뉴를 보여드릴까요?

B 아니요, 괜찮습니다. 계산 해주세요. / 네, 보여주세요.

네, 메뉴를 보여주세요. / 메뉴를 볼 수 있을까요?

아니요, 괜찮습니다. 고맙습니다.

Common Mistake

Try not to confuse the questions 'Can we see the menu?' with 'Can we look at the menu?'. When you use the 'look' form of the question, it is followed with the preposition 'at'. However, the 'see' form of the question is not followed by a preposition. It is common to confuse them, so be careful.

'Can we see the menu?'와 'Can we look at the menu?' 같은 질문을 할 때 혼동하지 마세요. 'Look'을 사용하는 질문은 전치사 'at'과 함께 쓰이지만, 'see'를 사용하는 질문은 어떤 전치사도 동반하지 않습니다. 이것은 쉽게 혼동할 수 있으니 주의하세요.

016

Excuse me, may we have the bill?

A ❶ Excuse me, may we have the bill?

❷ Could we have the bill, please?

B ❶❷ Certainly sir.

Yes. Please wait one minute.

A 실례합니다. 계산 좀 해주실래요?

계산을 해주시겠습니까?

B 알겠습니다, 손님.

네. 잠시만 기다려주세요.

Any of the above answers can be answered with any of the above questions.
모든 답변이 위 질문에 대한 대답이 될 수 있습니다.

Paying the bill is often done differently in Western countries. In Korea, it is customary to pay the bill at the counter as you leave. However, in Western culture we usually pay at the table and we also leave a tip.

서양 문화에서 계산하는 것은 큰 차이가 있습니다. 한국에서는 레스토랑을 나갈 때 카운터 앞에서 계산하는 것이 관례지만, 서양에서는 테이블에서 계산을 하고 또한 팁을 남겨 두어야 합니다.

Also, the word 'bill' is the most widely used word, whereas 'check' is sometimes used in American English. 'Check' is not commonly used in Britain.

또한 'bill'은 가장 많이 사용되는 단어입니다. 한편, 미국식 영어에서는 때때로 'check'라고도 합니다. 영국에서 'bill'은 자주 사용하지는 않습니다.

Remember to use the 'May I/we', 'Could I/we' form of the sentence when requesting something. Do not say 'Get me'.

무언가를 요청해야 할 때, 'May I/we', 'Could I/we'를 사용하세요. 절대로 'Get me'라고 말하지 마세요.

Would you like the bill?

A ❶ Would you like the bill?
❷ Can I get you the bill?

❶❷
B Yes please.
No thanks. We would like some coffee first.

A 계산을 하시겠습니까?
계산서를 가져다 드릴까요?

B 네. 계산할게요.
아니요, 고맙지만 그 전에 커피 한 잔 하고 싶습니다.

Any of the above answers can be answered with any of the above questions.
모든 답변이 위 질문에 대한 대답이 될 수 있습니다.

In Korea, it is not common to leave a tip after you pay as the bill usually consists of a service charge. However, in America it is customary to leave a tip of 10-15% of the total cost, depending on how much you enjoyed the food. In Britain, you are not required to tip as the bill also includes a service charge. However, if you receive excellent service, it is nice to leave a tip, and this can be however much you want. Here is a list of what you are expected to tip at a restaurant in other popular Western destinations:

한국에서는 주로 서비스 금액이 총액에 포함되어 있기 때문에 계산을 할 때 팁을 주는 문화가 흔한 것은 아닙니다. 그렇지만 미국에서는 관례적으로 총 음식 값의 10-15% 정도의 팁을 남겨야 합니다. 물론 손님이 얼마나 식사를 즐겁게 했느냐에 따라 다릅니다. 영국에서는 한국과 마찬가지로 총액에 서비스 금액이 포함되어 있기 때문에 팁을 남길 필요가 없습니다. 그러나 음식 맛이 훌륭했고 서비스가 좋았다면, 팁을 주는 것도 좋습니다. 이때 팁은 또한 손님이 주고 싶은 만큼 줘도 무방합니다. 아래는 일부 서양 국가의 레스토랑에서 기대하는 팁의 범위입니다.

- Australia - 10% for good service
- France - No tip. 15.5% service charge is included in the bill.
- Germany - 10-15%
- Italy - Although 10% service charge is included in the bill; a 5-10% tip is expected.
- Holland - No tip(included in the service charge)
- Spain - Tip is not expected, but you can tip for good service.

- 호주 - 좋은 서비스에 한해 10%
- 프랑스 - 팁 없음. 15.5%의 서비스 금액이 계산서에 포함되어 있음
- 독일 - 10-15%
- 이탈리아 - 10% 서비스 금액이 총액에 포함되어 있지만, 5-10%의 팁을 기대함
- 네덜란드 - 팁 없음(서비스 금액 포함)
- 스페인 - 팁은 없지만, 좋은 서비스에 한해서 팁을 줘도 무방함

Excuse me, our bill doesn't add up.

If you think the bill is wrong for some reason, you should say so straight away. It is not considered rude to do so, as these mistakes can be made. Here are some examples:

만약 계산에 어떠한 이유로 착오가 발생했다면 반드시 직접 말해야 합니다. 이러한 실수는 일어날 수 있는 일이기 때문에 무례함을 고려할 필요는 없습니다. 아래에 몇몇 예가 있습니다.

A ❶Excuse me, our bill doesn't add up.

❷Pardon me, there seems to be a mistake with our bill. We didn't order any Champagne.

❸Excuse me, I thought the wine was complementary.

B ❶ I'm sorry madam. Let me check.

❷ I do apologize. I will find out what happened.

❸ Yes sir. This shouldn't be included on your bill. /

I'm afraid the wine is not complementary.

A 실례합니다만 총액이 맞지 않는 것 같습니다.

죄송하지만 계산서가 좀 이상해서요. 저희는 샴페인을 주문한 적이 없습니다.

잠깐만요, 와인 무료라고 하셨던 것 같은데요?

B 죄송합니다, 부인. 확인해보겠습니다.

사과드리겠습니다. 확인해보겠습니다.

네, 맞습니다. 와인 값은 지불하지 않으셔도 됩니다. / 유감입니다만 와인은 무료가 아닙니다.

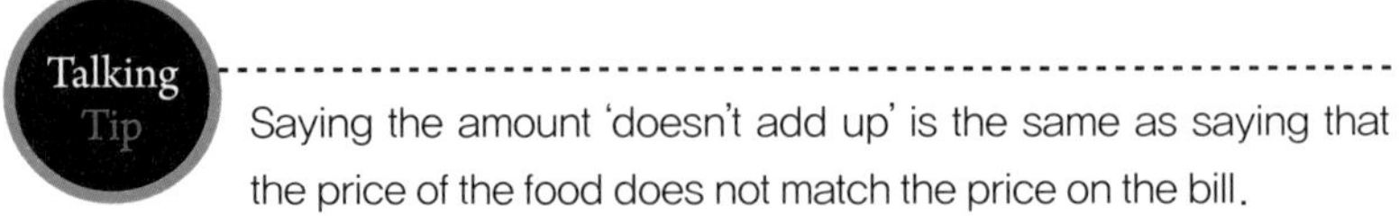

Talking Tip

Saying the amount 'doesn't add up' is the same as saying that the price of the food does not match the price on the bill.

'Doesn't add up'이라는 표현은 음식 값이 계산서와 일치하지 않는다는 말입니다.

Talking Tip

'Apologize' is the American English spelling of the word, with it spelt 'apologise' in British English. For other differences between 'z' and 's' spelt words in American and British English see the 'At Baggage Claim' unit.

'Apologize'는 미국식 영어 스펠링입니다. 영국식으로는 'apologise'라고 씁니다. 영국식과 미국식 영어의 'z' 와 's'의 일부 단어의 차이에 관해서는 '수하물 찾기 편'에서 다루겠습니다.

The food was excellent. Please give my compliments to the chef.

If you think that the food in a restaurant was excellent it is always nice to say something to the waiter. See the following examples:

만약 음식이 너무나 훌륭했다면, 웨이터에게 다음과 같이 이야기하면 좋습니다.

> Compliments to the chef.
> The food was excellent. Please give my compliments to the chef.
> Please pass on my compliments to the chef.

> 요리사에게 음식이 맛있었다고 전해주세요.
> 음식이 맛있군요. 요리사에게 꼭 전해주세요.
> 부디 요리사에게 음식이 훌륭했다고 전해주세요.

Talking Tip

This means that you want the chef to know that you really enjoyed the food. However you do not do this if you were unhappy with the food.

이 말은 음식이 정말 맛있었고 훌륭했다고 요리사를 칭찬하고 싶다는 뜻입니다. 그렇지만 음식이 형편없을 때 말해서는 안 됩니다.

Topic
6

At a hotel
호텔에서

In this topic you will learn how to ask and answer questions at a hotel. The conversation will be between a receptionist and a customer.

이번 장에서는 호텔에서 있을 수 있는 대화에 관해 배워 보겠습니다. 다음은 접수 담당자와 손님간의 대화가 될 것입니다.

Welcome to Star Hotel. How can I help you?

A ❶Welcome to Star Hotel. How can I help you?

❷Good evening. What can I do for you?

❸Hello. How can I help?

B ❶I'd like a room please.

❷Do you have any rooms available for tonight?

❸I require a room please.

A ❶Ok madam. Please wait a moment and I will look for you...

❷Let me just check...

❸Certainly. Please wait a moment...

A Star 호텔에 오신 것을 환영합니다. 무엇을 도와드릴까요?

좋은 저녁입니다. 어떻게 오셨습니까?

안녕하세요. 무엇을 도와드릴까요?

B 방이 하나 필요합니다.

오늘 밤 여기서 투숙할 수 있나요?

방 하나만 주시겠습니까?

A 네, 부인. 잠시만 기다려 주십시오. 찾아보겠습니다.

확인해 보겠습니다.

알겠습니다. 잠시만 기다리세요.

Talking Tip

When you are in a hotel it is quite common for the receptionist to address you in a formal manner, by saying 'madam' or 'sir'. You do not need to address them in the same way as they have been trained to do so.

호텔에서 접수 담당자가 'madam' 혹은 'sir'이라고 말하는 것은 손님에게 예의를 표하는 것으로 당연한 것입니다. 그들은 손님에게 그렇게 하도록 훈련 받았기 때문에 여러분들은 똑같은 방식으로 응답할 필요는 없습니다.

002

Single or double?

This part will continue from the previous conversation on page 121.

다음의 대화는 이전의 대화와 이어집니다.

A ❶ Ok madam. Please wait a moment and I will look for you. Are you looking for a single or a double room?

❷ Let me just check... yes we do. Single or double?

❸ Certainly. Please wait a moment. What kind of room are you looking for?

B ❶I'd like a single, please.

❷A double, please.

❸May I have a single room?

A ❶Ok. One moment please sir…

❷No problem. Please wait a moment madam…

❸Of course. One moment…

A 네, 부인. 잠시만 기다려 주세요. 지금 확인해 보겠습니다. 1인실로 하시겠습니까 아니면 2인실로 하시겠습니까?

잠시만 기다리세요…. 네, 방이 있습니다. 1인실로 하시겠습니까 아니면 2인실로 하시겠습니까?

알겠습니다. 잠시만 기다려 주세요. 어떤 방에서 투숙하길 원하십니까?

B 1인실로 부탁드립니다.

2인실로 부탁드립니다.

1인실을 사용하고 싶은데요.

A 네, 잠시만 기다려주세요.

알겠습니다. 잠시만 기다려주세요, 부인.

물론입니다. 잠시만 기다려주세요.

Talking Tip While the receptionist is checking, it is common for them to use expressions such as 'Wait a moment' or 'One moment please'. This is done to show they need time to process the information. If you are booking via the phone, they may say 'Please hold'. You do not need to reply to any of these statements.

접수자 담당자가 확인을 하는 동안, 'Wait a moment' 또는 'One moment please'와 같은 표현을 사용하는 것은 흔한 일입니다. 이것은 호텔 방 예약 상황을 확인하는 데 시간이 걸린 다는 뜻입니다. 만약 전화로 방을 예약하는 것이라면, 그들은 아마도 'Please hold'라고 말할 것입니다. 이러한 문구에 대해서는 응답할 필요가 없습니다.

How many people are in your party?

A ❶ How many people are in your party?

　❷ For how many people?

　❸ How many people please madam?

❶❷❸

B　For two people please.

　　Just two. / Only my wife and I.

　　Just myself. / Only for me.

Any of the above answers can be answered with any of the above questions.
모든 답변이 위 질문에 대한 대답이 될 수 있습니다.

A 몇 명이 투숙하실 건가요?

몇 명이십니까?

부인, 투숙할 사람이 몇 명인가요?

B 두 명입니다.

두 명이요. / 저와 저의 아내입니다.

저 혼자입니다. / 혼자 왔습니다.

Talking Tip

When you are making a list, it is best to put yourself at the end of the list, as shown on page 124. This should be done in all situations, for example, "Last month, my mom, dad, sister and I went to Seoul".

몇 명이 같이 왔는지를 언급할 때는 124페이지의 예처럼 자기 자신을 마지막에 말하는 것이 좋습니다. 이러한 것은 어느 상황에서도 마찬가지입니다. 예를 들어, "지난달에 엄마, 아빠, 여동생과 함께 나는 서울에 다녀왔습니다"라고 말합니다.

Common Mistake

As mentioned in the 'At the Restaurant' unit, the word 'party' refers to the people staying with you. It does not mean a social gathering when used in this context.

'At the Restaurant' 장에서 언급했듯이, 'party'라는 단어는 당신과 함께 있는 사람들을 의미합니다. 이것은 이번 문맥에서처럼 사회적인 모임을 의미하지는 않습니다.

May I have your name please?

A ❶ May I have your name please?
❷ Could you tell me your name?
❸ Your name please madam?

❶❷❸
B Sure. It's John Smith.
Of course. It's John Smith.
It's John Smith.

A 성함이 어떻게 되시죠?
이름을 알려주시겠습니까?
부인, 성함을 알려 주시겠습니까?

B 네. John Smith입니다.
물론입니다. John Smith입니다.
John Smith요.

Any of the above answers can be answered with any of the above questions.
모든 답변이 위 질문에 대한 대답이 될 수 있습니다.

A ❶ Could you spell that for me please? / Could you spell that please?

❷ Could you tell me how to spell that? / How do you spell that?

❸ How is that spelled? (American English)

How is that spelt? (British English)

❶❷❸

B It's J-O-H-N S-M-I-T-H.

The first name is spelt J-O-H-N and the second is spelt S-M-I-T-H.

J-O-H-N S-M-I-T-H.

Any of the above answers can be answered with any of the above questions.
모든 답변이 위 질문에 대한 대답이 될 수 있습니다.

A 철자가 어떻게 되죠? / 철자를 불러주실 수 있나요?

스펠링이 어떻게 되나요? / 스펠링을 불러주시겠습니까?

스펠링을 불러주시겠습니까? (미국식 영어) / 스펠링을 알려주시겠습니까? (영국식 영어)

B J-O-H-N S-M-I-T-H입니다.

이름은 J-O-H-N이고 성은 S-M-I-T-H입니다.

J-O-H-N S-M-I-T-H.

It is perfectly fine to answer the questions "May I have your name?" or "How do you spell that?" in short form in less formal settings(at a hotel/renting a car). However, when asking this question in small talk, try to use the "May I.../Could you..." form of the sentence, like the receptionist uses, as it is more polite.

'May I have your name?' 또는 'How do you spell that?' 같은 질문은 약간은 덜 비공식적인 상황(호텔/자동차 렌탈 업체 등)에서 사용되기 안성맞춤인 질문입니다. 그렇지만 공식적인 자리가 아닌 일반적인 분위기에서도 이런 질문을 물어볼 때, 접수 담당자가 사용하듯이 'May I.../Could you...'와 같은 형태의 문구를 사용하세요. 그러면 더욱 공손한 표현이 됩니다.

As you can see in the previous conversation, there are different ways to spell the same word. In this case the words 'spelt' and 'spelled', which are both past forms for the word 'spell'. 'Spelt' is commonly used in British English and 'spelled' in American English. A few other examples are shown below.

앞의 대화에서 보듯이, 같은 단어지만 스펠링이 다른 경우가 있습니다. spelt와 spelled의 경우 두 가지 모두 'spell'의 과거형 동사입니다. 'Spelt'는 주로 영국에서 많이 사용되고 'spelled'는 미국에서 많이 사용됩니다. 이와 유사한 단어를 조금 더 살펴보겠습니다.

learnt	learned (배우다)
burnt	burned (태우다)
dreamt	dreamed (꿈꾸다)
leapt	leaped (뛰어오르다)

How long will you be staying with us?

A ❶ How many nights would you like to stay?

❷ For how many nights?

❸ How long will you be staying with us?

❹ Is it just for tonight sir?

B ❶ I would like to stay for two nights, please.

❷ Just tonight.

❸ From Monday until Friday, please.

❹ Yes, it is. / No, for two nights, please.

A 며칠 동안 투숙하실 건가요?

며칠간 머무르실 건가요?

얼마나 투숙하실 건가요?

오늘 밤만 투숙하실 건가요?

B 이틀 간 머무를 겁니다.

이틀입니다.

월요일부터 금요일까지 투숙할 것입니다.

네, 맞습니다. / 아니요, 이틀 동안 머무를 겁니다.

Talking Tip

As you can see in the previous conversation there are two ways to answer a question regarding the length of stay. You could say how many days you will be staying("two nights") or you could state the days you will be staying("from Monday until Thursday"). Both ways are fine.

앞의 대화에서 보듯이, 호텔에 머무르는 기간과 관련된 질문에 대해 두 가지 방법으로 대답할 수 있습니다. 'Two nights'와 같이 며칠간 머무르는지 대답할 수도 있고, 혹은 요일을 언급("from Monday until Thursday"와 같이)할 수도 있습니다. 두 가지 방법 모두 사용해도 괜찮습니다.

Talking Tip

Saying 'till' instead of 'until' is perfectly fine when speaking, but if you are writing you should only use 'until'.

대화를 할 때는 'until' 대신에 'till'이라고 말해도 괜찮지만, 글을 쓸 때는 반드시 'until'만 사용해야 합니다.

Common Mistake

If you state the days you will be staying, please take note of the prepositions used ("FROM____ UNTIL____"). A common mistake is to use the wrong preposition.

만약 며칠간 머무를지에 관해 요일을 언급할 것이라면, 적절한 전치사 사용을 위해 메모를 하시기 바랍니다("FROM____ UNTIL____"). 가장 흔한 실수는 바로 부적절한 전치사의 사용입니다.

006

How will you be paying sir?

A ❶How will you be paying sir?

❷Will you be paying by cash or credit card?

❶❷

B I will be paying with cash. / Cash.

I am paying by credit card. / By credit card.

Cash. / Credit card.

A 결제는 어떻게 하시겠습니까?

현금 혹은 신용카드 중 어느 것으로 결제하시겠습니까?

B 현금으로 결제하겠습니다. / 현금이요.

신용 카드로 결제하겠습니다. / 신용 카드요.

현금. / 신용 카드.

Any of the above answers can be answered with any of the above questions.
모든 답변이 위 질문에 대한 대답이 될 수 있습니다.

Talking Tip

In some Western countries you only pay a portion of the bill when you check in, paying the rest when you check out.

일부 서양 국가에서는 체크인 할 때 금액의 일정 부분만을 결제하고, 나머지는 체크아웃 할 때 결제합니다.

Common Mistake

If you use the sentence 'I will be', a gerund should follow(verb+ing). For example, the correct sentence is 'I will be paying'. However, if you say 'I will', only a verb is necessary('I will pay').

'I will be'를 사용하는 문장의 경우, 반드시 동명사(동사+ing)가 따라 와야 합니다. 예를 들어, 'I will be paying'은 완벽한 문장입니다. 그러나 'I will'이라고 말하면 반드시 동사('I will pay'와 같이)가 뒤따라 와야 합니다.

Would you like a wake-up call?

A ❶ Would you like a wake-up call?

❶❷

B Yes, at 7:00 a.m. please.

No, thank you.

A 모닝콜 서비스를 해드릴까요?

B 네, 아침 7시에 부탁드립니다.

아니요, 고맙습니다.

Talking Tip

Any of the above answers can be answered with any of the above questions.
모든 답변이 위 질문에 대한 대답이 될 수 있습니다.

In most hotels the front desk will ring the phone in your room if you request a wake-up call. When you answer the phone the front desk will say "This is your wake-up call" to which you should reply "Thank you".

만약 여러분이 모닝콜 서비스를 요구하면 대부분의 호텔 프론트 데스크에서는 당신의 방으로 전화를 걸 것입니다. 전화를 받으면 프론트 데스크에서는 '모닝콜 서비스 입니다'라고 말할 것입니다. 이때는 반드시 "Thank you"라고 대답해야 합니다.

Is there a gym?

A ① Do you have a swimming pool?
② Is there a gym?
③ Does my room have a view?
④ Is there an elevator?

B ① Yes. It is located on the second floor. / No, we don't.
② Yes, on the top floor. / No, there isn't.
③ Yes, it does. / No, it doesn't.
④ Yes, it's around the corner.

A   수영장이 있나요?

　　체육관이 있습니까?

　　경치가 좋은 방인가요?

　　엘리베이터가 있습니까?

B   네, 2층에 위치해 있습니다. / 아니요, 없습니다.

　　네, 꼭대기 층에 있습니다. / 아니요, 없습니다.

　　네, 그렇습니다. / 아니요, 그렇지 않습니다.

　　네, 모퉁이를 근처에 있습니다.

Talking Tip

'Elevator' is an American English word. The British English word is 'lift'.

'Elevator'는 미국식 영어입니다. 반면 영국식 영어로는 'lift'라고 합니다.

Common Mistake

When writing, a common mistake is spelling 'swimming' with one 'm'(swiming). Please remember that 'swimming' has two 'm's when using the 'ing' form and only one 'm' when using the verb form('swim').

글을 쓸 때 흔히 범하는 스펠링 실수는 'swimming'을 두 개의 'm'이 아닌 'swiming'이라고 쓰는 것입니다. 'ing' 형태인 경우, 'swimming'은 'm'이 두 개라는 것을 기억하세요 그리고 동사의 경우 'm'은 오직 한 개만 붙습니다('swim').

A ❶ Check out time is 10 a.m. tomorrow morning.
❷ You should check out by 10 a.m.
❸ Please check out by 10 a.m.

❶❷❸
B Fine, thanks. / No problem. / Ok, thanks.

A 체크아웃 시간은 내일 오전 10시입니다.
10시까지는 퇴실하셔야 합니다.
10시까지 방을 비워주셔야 합니다.

B 네, 고맙습니다. / 네, 알겠습니다. / 네, 감사합니다.

Talking Tip

Any of the above responses can be answered with any of the above statements.
모든 답변이 위 서술에 대한 대답이 될 수 있습니다.

Running a little late when checking out is usually fine. You should inform the check-in desk that you are running a little late though.

체크아웃 시간보다 약간 늦게 나오는 것은 보통 괜찮습니다. 그렇지만 그럴 경우 프론트 데스크에 미리 알려주어야만 합니다.

010

Here is your key. Enjoy your stay.

A
① Here is your key. Enjoy your stay.
② You are in room 203. Enjoy your stay.
③ That's room number 203. Have a nice stay.

①②③

B
Thank you very much.
Thanks a lot.
I appreciate it, thanks.

A
열쇠 여기 있습니다. 편하게 쉬시길 바랍니다.
203호실입니다. 편히 쉬세요.
손님의 방은 203호입니다. 좋은 하루 되세요.

B
정말 고맙습니다.
감사합니다.
매우 감사합니다.

Any of the above responses can be answered with any of the above statements.
모든 답변이 위 서술에 대한 대답이 될 수 있습니다.

In some hotels there will be a bell boy who will take your luggage to your hotel room for you. It is likely that the bell boy will expect a tip. You can tip them about one dollar per bag. Remember that you can carry the bags yourself and not have to tip anyone. Other people you may have to tip at a hotel include:

일부 호텔에서는 여러분들의 짐을 방까지 옮겨줄 벨보이가 있습니다. 이들은 팁을 기대하고 있습니다. 이럴 때 팁은 가방 당 1달러면 충분합니다. 그렇지만 여러분 스스로 짐을 옮겨도 무방합니다. 그러면 누구에게도 팁을 줄 필요가 없습니다. 아래와 같이 호텔에 있는 다른 사람에게 팁을 주어야 할 경우가 있습니다.

- Valet parking(park your car for you) – about 1 dollar
- Doorman(calling a taxi for you) – 1 dollar
- Room service(bring food and drink to your room) – at least 2 dollars
- Concierge(give you information) – No tip required, unless they give you excellent service
- Housekeeping(clean your room) – 2–5 dollars

발레 파킹(대신 주차 해주는 사람) – 약 1달러

도어맨(택시를 잡아 주는 사람) – 약 1달러

룸서비스(음식과 음료를 방으로 가져다주는 사람) – 최소한 2달러

안내원(각종 정보를 제공해주는 사람) – 팁은 없지만, 훌륭한 정보를 제공해줄 경우는 줘도 무방함

방청소(객실을 청소해주는 사람) – 약 2–5달러

Some Western counties such as America, Canada, New Zealand and Australia use the 'dollar'. However, you should know that Britain uses the 'pound' and most other European countries use the 'euro'. If the example above says to tip one dollar, just change it to one pound or one euro.

미국, 캐나다, 뉴질랜드, 그리고 호주와 같은 일부 서양 국가에서는 'dollar'를 사용하지만 영국은 'pound'를, 그리고 대부분의 유럽 국가들은 'euro'를 사용합니다. 위의 예에서 1달러의 팁이라고 하면 그저 1파운드 혹은 1유로라고 생각하시면 됩니다.

011

At the end of the conversation the receptionist may say the below comment.

대화의 끝에 접수원은 아래의 말을 할 것입니다.

A ❶Please come back if you have any questions.

❷Please let us know if you have any questions.

❸Please call down to reception if you have any questions.

❹If you have any questions let us know.

❶❷❸❹

B I will, thanks.

Ok, thank you.

No problem. Many thanks.

A 문의 사항이 있으시면 다시 들러주세요.

문의 사항이 있으시면 알려주세요.

문의 사항이 있으시면 안내 데스크로 전화주세요.

문의 사항이 있으시면 알려주세요.

B 그럴게요. 고맙습니다.

네, 고맙습니다.

문제 없어요. 감사합니다.

Any of the above responses can be answered with any of the above statements.
모든 답변이 위 질문에 대한 대답이 될 수 있습니다.

Topic 7

At check in

공항 탑승수속

This unit is designed to help you when you are at the check-in desk at an airport. The conversation will be between a receptionist and a traveler.

이번 장에서는 공항에서 탑승 수속을 할 때 사용하면 유용한 표현들에 대해 배워보겠습니다. 다음의 상황은 탑승 수속 담당자와 여행자 사이의 대화입니다.

Good morning. Can I have your ticket, please?

Yes, here you are.

A
❶Good morning. Can I have your ticket, please?
❷Good afternoon. May I see your ticket, please?
❸Good day. Your ticket, please.
❹Hello. Can I see your ticket?

B
❶Yes, here you are.
❷Of course. Here.
❸Here it is.
❹Yes, here.

A
좋은 아침입니다. 탑승권을 보여주시겠습니까?
좋은 오후입니다. 탑승권을 보여주시겠습니까?
좋은 하루네요. 탑승권을 보여주시면 고맙겠습니다.
안녕하십니까? 탑승권을 보여주시죠.

B
네, 여기 있습니다.
물론이죠, 여기요.
여기 있습니다.
네, 여기요.

Common Mistake

Saying only 'Here' when giving something to someone can sound a little rude, so try to use one of the above examples.

누군가에게 무엇을 전달할 때 단순히 'Here'라고 말하는 것은 약간 무례해 보일 수도 있으니, 위의 예들 중 한 가지를 사용하도록 하세요.

Your passport, please.

A ❶ Your passport, please.

❷ May I have your passport too?

❸ Your passport too, please.

B ❶ Sure. Here.

❷ Here it is.

❸ Here you are.

A ❶ Thank you.

❷ Thanks.

❸ Thank you, sir(madam).

A 　여권을 보여 주시겠습니까?

　여권도 함께 보여 주시겠습니까?

　여권도 보여주시죠?

B 　물론입니다. 여기요.

　여기 있습니다.

　여기 있습니다.

A 　고맙습니다.

　감사합니다.

　고맙습니다, 선생님(부인).

Saying 'sir' or 'madam' is a very formal way of addressing somebody. It can be used in many different situations, as you will notice throughout this book.

'Sir' 혹은 'madam'이라고 부르는 것은 누군가를 매우 높여 부르는 것입니다. 여러분들은 이 책을 통해서 알게 되겠지만, 이것은 다른 많은 상황에서도 사용될 수 있습니다.

The word traveler is American English, but in British English it is spelled traveller. Other examples of such spelling differences are:

'Traveler'라는 단어는 미국식 영어입니다. 영국식 영어로는 'traveller'라고 씁니다. 스펠링이 다른 미국식과 영국식 영어의 다른 예들이 아래의 표에 나와 있습니다.

	British English(영국식 영어)	American English(미국식 영어)
상담 전문가	counsellor	counselor
연료를 공급하다	fuelled	fueled
여행	travelling	traveling
병행하는	parallelled	paralleled
말다툼	quarrelling	quarreling

003

A ❶ You are traveling to London?

❷ To Heathrow London?

❸ To London, right?

❶❷❸

B That's right. / Right. / Yes, to London.

A 런던으로 여행하는 것이 맞습니까?

런던, 히드로우 공항으로 가는 것이 맞나요?

런던으로 가시죠?

B 맞습니다. / 맞아요. / 네, 런던입니다.

Talking Tip

Any of the above answers can be answered with any of the above questions.
모든 답변이 위 질문에 대한 대답이 될 수 있습니다.

This question may sound obvious, but is asked in order to confirm you are checking in for the correct flight. You should listen carefully here in order to make sure you are not issued the wrong ticket.

이런 질문은 매우 명백한 질문이지만, 정확한 비행편이 맞는지 확인하기 위해서 물어보는 것입니다. 탑승권에 문제가 있는지 없는지 확인하기 위해서 주의 깊게 들어야 합니다.

004

Would you like a window seat or an aisle seat?

A ❶ Would you like a window seat or an aisle seat?

❷ Window or aisle?

❸ Which would you prefer, a window seat or aisle seat?

❶❷❸

B An aisle seat, please.

A window seat, please.

Either is ok.

Any of the above answers can be answered with any of the above questions.
모든 답변이 위 질문에 대한 대답이 될 수 있습니다.

A 창가 혹은 복도 쪽 좌석 중 어디 앉고 싶으신가요?

창가 또는 복도 쪽 중 어디를 원하시나요?

창가 와 복도 쪽 좌석 중에서 어느 쪽을 선호하시나요?

B 복도 쪽 좌석으로 주시겠습니까?

창가 쪽 좌석으로 주세요.

둘 중 어느 것이라도 괜찮습니다.

Common Mistake

Please note that the 's' in the word 'aisle' is silent, and so should not be pronounced when speaking it. The same goes for the 's' in 'island'.

'Aisle'라는 단어에서 's'는 묵음입니다. 그러므로 발음할 때 's'는 소리가 나지 않습니다. 'Island'에서 's'가 묵음인 것과 같습니다.

005

Do you have any baggage?

A ❶ Do you have any baggage?

❷ Are you checking in any luggage today?

❸ Any luggage to check in?

B ❶ Yes, this bag.

❷ Yes, I have two bags to check in today.

❸ No, I only have hand luggage.

A ❶ Ok, please put the bag on the scales.

❷ Please put them on the scales.

❸ That's fine.

A 수하물이 있으신가요?

오늘 실으실 수하물이 있으신가요?

실으실 수하물이 있나요?

B 네, 이 가방입니다.

네, 실을 가방이 두 개가 있습니다.

아니요, 기내에 가져갈 가방만 있습니다.

A 좋습니다. 가방을 저울 위에 올려놓아 주시겠어요?

가방을 저울 위에 올려놓아 주세요.

네, 알겠습니다.

Talking Tip

Before you check in you should check the weight of your bag because most airlines have a weight limit and if your baggage is over this you will have to pay extra. You should also check the size of your hand luggage because if it is too big you will have to check it in instead of carrying it.

대부분의 항공사는 수하물 용량 제한을 두고 있기 때문에 탑승 수속을 하기 전에 반드시 가방의 무게를 확인해 봐야 합니다. 만약 가방의 무게가 제한 용량을 넘는다면, 추가 비용을 지불해야만 합니다. 기내용 가방 역시도 용량을 미리 확인 해두어야 합니다. 왜냐하면 기내용 가방 역시 허가된 용량을 초과할 경우 기내가 아닌 수하물로서 비행기에 실어야 하기 때문입니다.

006

Did you pack the bag yourself?

A
① Did you pack the bag yourself?
② Did anybody pack the bag for you?
③ Have you left your bag alone at any time?

B
① Yes, I packed it myself.
② No, they didn't. / No, I packed it myself.
③ No, I haven't. / No, I have had it with me at all times.

A 가방의 짐을 혼자서 쌌습니까?

혹시 다른 누군가가 당신의 가방을 싸진 않았나요?

잠시라도 가방을 내버려 둔 적이 있습니까?

B 네, 제가 쌌습니다.

아니요, 아무도 그렇지 않았습니다. / 아니요, 제가 혼자 쌌습니다.

아니요, 그런 적 없습니다. / 아니요, 항상 제가 휴대했습니다.

Talking Tip

This question is always asked at the check-in desk. The check-in attendants are trained to always ask this question.

탑승 수속하는 곳에서는 항상 이런 질문을 합니다. 탑승 수속 담당자는 항상 이런 질문을 하도록 훈련받았기 때문입니다.

007

A ❶ Here is your ticket. You will be leaving from gate 10.
Enjoy your flight.

❷ Here is your boarding pass. The gate number is 10.
Have a great flight.

❶❷

B Thank you. / Thanks.
Many thanks. / Thank you very much.

A 탑승권 여기 있습니다. 10번 게이트에서 출발할 예정입니다. 즐거운 비행이 되시길 바랍니다.
여기 탑승권입니다. 게이트 번호는 10번입니다. 즐거운 여행되세요.

B 고맙습니다. / 감사합니다.
정말 고맙습니다. / 매우 감사합니다.

Talking Tip

Any of the above responses can be answered with any of the above statements.
모든 답변이 위 서술에 대한 대답이 될 수 있습니다.

Remember to be polite at the end of the conversation by saying thank you.

항상 예의 바르게 보이려면 상대방에게 감사하다고 하면서 대화를 마치는 것이 좋습니다.

Topic 8

At Customs
세관에서

Before entering a country everyone has that daunting task of going through customs. It can be very difficult, especially when entering a country that speaks a language different to your own. This unit will help you prepare for questions a customs officer could ask you. The conversation in this unit will be between a customs officer and a traveler.

누구에게나 한 나라에 입국하기 전에 세관을 통과하는 것은 매우 겁나는 일입니다. 그것은 매우 어려운 일입니다. 특히 모국어를 사용하지 않는 외국을 방문할 경우는 더욱 그럴 것입니다. 이번 장에서는 세관원이 할 수 있는 질문에 대해 배워 보겠습니다. 다음의 상황은 세관원과 여행자 사이의 대화입니다.

Welcome to England···

A ┊ Welcome to England...

A ┊ 영국에 오신 것을 환영합니다···

> **Talking Tip**
>
> Depending on the customs officer, you may be greeted by a friendly welcome like this. However, in most cases the customs officer will not be friendly and may not even smile. Remember, they are not being rude, but are probably trained this way.

세관 직원에 따라 다를 수 있지만, 여러분은 아마도 위의 예와 같이 친절하게 환영 받을 수도 있습니다. 그러나 대부분의 세관 직원은 친절하지 않고 심지어 미소조차 짓지 않을 수도 있습니다. 그들이 원래부터 무례한 것이 아니라, 아마도 그렇게 훈련 받았다는 것을 명심하세요.

OO2

May I see your passport?

A ❶ May I see your passport?

❷ Your passport, please.

❸ Passport, please.

❶❷❸

B Sure, here it is.

Here it is.

Sure, here.

Any of the above answers can be answered with any of the above questions.
모든 답변이 위 질문에 대한 대답이 될 수 있습니다.

A   여권을 보여주시겠습니까?

      여권을 보여주세요.

      여권을 제시하세요.

B   물론입니다. 여기 있습니다.

      여기 있습니다.

      물론이죠, 여기요.

Talking Tip

The customs officer will perhaps not ask you the 'May I···' form of the question, and may even be a little bit more direct when asking to see your passport. Showing your passport is a requirement, so they do not need to ask for your permission.

The customs officer will look at the picture in your passport and compare your face to the picture. I don't know about customs in Korea, but in Western countries you shouldn't smile when the officer does this because you will not be smiling in the photo.

세관원은 아마도 'May I···'와 같이 공손하게 질문하지 않을 것입니다. 그리고 여러분의 여권을 확인하기 위해서 약간은 직접적으로 물어볼 수도 있습니다. 여권을 보여주는 것은 요구 사항이기 때문에 그들은 여러분으로부터 허락을 받을 필요가 없습니다.

세관원은 당신의 여권 속 사진을 볼 것입니다. 그리고 당신의 얼굴과 사진 속 얼굴을 비교해 볼 것입니다. 한국의 세관에 대해서는 잘 모르지만, 서양에서는 세관원이 얼굴을 비교할 때 웃어서는 안 됩니다. 왜냐하면 여권 속의 사진은 웃고 있지 않을 테니까요.

003

Where are you traveling from?

A ❶ Where are you coming from today?

❷ What country are you traveling from?

❸ Where are you traveling from?

❹ Where did you travel from?

❺ What country did you board from?

❶❷❸❹❺

B I am coming from Korea.

I am traveling from Korea.

From Seoul, Korea.

I traveled from Korea.

Korea.

Any of the above answers can be answered with any of the above questions.
모든 답변이 위 질문에 대한 대답이 될 수 있습니다.

A 오늘 어디서 오는 것입니까?

오늘 어느 나라로부터 입국하는 겁니까?

어떤 나라를 여행하고 왔습니까?

어디서부터 비행기를 타고 왔나요?

어느 나라에서 탑승하셨습니까?

B 한국에서 왔습니다.

한국에서부터 왔습니다.

한국의 서울에서요.

한국을 여행하고 왔습니다.

한국이요.

Talking Tip

You do not need to answer any of these questions in full sentences and can simply answer using one word if you prefer. The customs officer is not checking your English ability.

이러한 질문에 대해 정확한 문장으로 대답할 필요는 없습니다. 그저 간단하게 한 단어로 말해도 무방합니다. 세관 직원은 당시의 영어 실력을 확인하는 것이 아니기 때문입니다.

Common Mistake

If you are saying the city you are coming from as well as the country you should say the city first, then the country("I am coming from Seoul, Korea"). The city should always come first, but it is common to make a mistake and say it the other way around.

만약 여러분이 여행한 국가뿐만 아니라 도시의 이름까지도 언급한다면, 반드시 도시이름을 먼저 이야기("I am coming from Seoul, Korea")해야 합니다. 도시 이름은 항상 먼저 언급되어야 하지만, 자주 범하는 실수 중의 하나가 바로 반대로 말하는 것입니다.

004

> # What is the purpose of your visit?

A

❶ What is the purpose of your visit?

❷ What is the purpose of your trip?

❸ Why did you travel here today?

❹ Why have you come to England today?

❺ For what reason are you traveling here?

❶❷❸❹❺

B

I'm here on business.

To travel.

To sightsee.

To visit friends.

I'm here on vacation. / I'm here on holiday.

Any of the above answers can be answered with any of the above questions.
모든 답변이 위 질문에 대한 대답이 될 수 있습니다.

A
방문한 목적이 무엇입니까?

여행의 목적이 무엇인가요?

왜 오늘 이곳 오게 되었나요?

왜 오늘 영국에 오게 되었나요?

어떤 이유로 이곳을 여행 하고 있나요?

B
사업차 방문한 것입니다.

여행을 하기 위해서 왔습니다.

관광을 하려고 왔습니다.

친구를 방문하기 위해 왔습니다.

휴가를 즐기기 위해서 왔습니다. / 휴가를 보내러 왔습니다.

If you are traveling for work purposes, you should say so.

만약 여행의 목적이 일하기 위한 것이라면 반드시 그렇게 말해야만 합니다.

Common Mistake

Remember to use the preposition 'to' as in the examples shown on page 161. A common mistake is to use the preposition 'for', but this is wrong.

161페이지의 예제에서 보여 주는 것 같이 전치사 'to'를 사용해야 합니다. 종종 범하는 실수 중의 하나가 바로 전치사를 'for'로 사용하는 것인데 이것은 잘못된 것입니다.

Common Mistake

The word 'vacation' is American English, but in British English, the word 'holiday' is used.

'Vacation'이라는 단어는 미국식 영어 표현입니다. 반면 영국식 영어에서는 'holiday'를 사용합니다.

Are you planning to work here?

A ❶ Are you planning to work here?

❷ Will you be working while you are here?

❸ Will you be looking for work here?

❶❷❸

B No, I am not. / No, just traveling. / No.

A 이 나라에서 일할 생각이 있습니까?

이곳을 방문하는 동안 일자리를 구할 것입니까?

직업을 구하기 위해 이곳에 왔습니까?

B 아니요, 없습니다. / 아니요, 그저 여행을 하기 위해서 왔습니다. / 아닙니다.

Talking Tip

Any of the above answers can be answered with any of the above questions.
모든 답변이 위 질문에 대한 대답이 될 수 있습니다.

Although perhaps the above questions are not common questions, they can be asked.

위와 같은 질문이 자주 묻는 질문은 아니지만, 물어볼 수도 있습니다.

How long will you be staying?

A
① How long will you be staying?
② How long are you planning to stay?
③ For how long do you plan to stay here?
④ How long are you traveling here?
⑤ How long are you staying?

①②③④⑤

B
I will be staying for one week.
For ten days.
Until June 3rd.
Until the third of June.
For two weeks.

Any of the above answers can be answered with any of the above questions.
모든 답변이 위 질문에 대한 대답이 될 수 있습니다.

A 얼마나 머무를 예정입니까?

얼마나 머무를 생각입니까?

이곳에 며칠이나 머무를 건가요?

며칠간 이곳을 여행할 건가요?

며칠 동안 머무를 겁니까?

B 일주일 간 머무를 것입니다.

10일 동안이요.

6월 3일까지요.

6월 3일까지 머무를 것입니다.

2주 동안이요.

It is important to be exact when answering this question.

이 질문에 대답을 할 때 정확하게 답변하는 것이 중요합니다.

Common Mistake

It is common to get the words 'for' and 'since' confused when talking about time. Remember, 'for' is used when talking about the future ('I will stay here for three weeks'), but 'since' is used when talking about the past ('I have been here since July 10th).

시간에 관해 이야기할 때, 'for'와 'since'의 적절한 두 단어의 사용을 혼동하는 것은 흔한 일입니다. 'For'는 미래를 언급할 때 사용("I will stay here for three weeks")합니다. 그렇지만 'since'는 과거를 언급할 때 사용("I have been here since July 10th")합니다.

If you are giving the exact date you should say 'until' like in the example shown on the previous page.

앞의 예제에서 보여준 것처럼 정확한 날짜를 이야기할 때는 'until'이라고 말해야 합니다.

Who are you traveling with?

A ❶ Are you traveling alone?

❷ Are you traveling with anyone today?

❸ Who are you traveling with?

❹ Traveling alone?

B ❶ Yes, I am. / No, I am traveling with friends.

❷ No, I am traveling alone. / Yes, with friends.

❸ I am not traveling with anyone. / With friends.

❹ Yes. / No, with friends.

A | 혼자 여행하고 있습니까?

오늘 누군가와 같이 여행하고 있습니까?

누구와 같이 여행을 하나요?

혼자 여행합니까?

B | 네, 맞습니다. / 아니요, 친구들과 함께 여행하고 있습니다.

아니요, 혼자 여행하고 있습니다. / 네, 친구들과 함께 여행하고 있어요.

같이 여행하는 사람은 없습니다. / 친구들과 함께요.

네. / 아니요, 친구들과 같이요.

Talking Tip

If you are traveling with someone, you should say so.

만약 누군가와 같이 여행하고 있다면 그렇다고 말해야만 합니다.

Common Mistake

The word 'traveling' is spelt this way in American English. However, it is spelt 'travelling' in British English. See page 145 for more examples.

'traveling'은 미국식 영어 표기법입니다. 반면에 'travelling'은 영국식 영어 표기법입니다. 더 많은 예문은 145페이지를 참고하세요.

Where will you be staying?

A ❶ Where are you planning to stay?

❷ Where will you be staying?

❸ Do you know where you will be staying?

❹ Could you tell me where you will be staying?

❶❷❸❹

B I am staying with friends.

I will be staying at the Star Hotel.

I am staying in Dave's Youth Hostel.

I will stay at Dave's Youth Hostel.

At my friend's home.

Any of the above answers can be answered with any of the above questions.
모든 답변이 위 질문에 대한 대답이 될 수 있습니다.

A

어디에 묵을 예정입니까?

어디에서 머무를 건가요?

숙소를 어디로 할지 정했나요?

어디서 묵을 건지 말해 주시겠습니까?

B

친구들과 함께 머무를 겁니다.

스타 호텔에 묵을 겁니다.

Dave's Youth Hostel에 투숙할 겁니다.

Dave's Youth Hostel에 머무를 겁니다.

네, 제 친구 집에 머무를 겁니다.

Talking Tip

If you know where you are staying it would be better if you know the address or phone number because customs may want to confirm that you are staying there.

만약 당신이 어디에 머무를지 알고 있다면, 그 숙소의 전화번호 혹은 주소를 알아두는 것이 좋을 것입니다. 왜냐하면 세관원이 당신이 그곳에 머무른 다는 것을 확인하고 싶을 수도 있기 때문입니다.

Common Mistake

Please note the difference between 'I will stay' and 'I am staying'. Do not say 'I will staying' or 'I am stay'.

꼭 'I will stay'와 'I am staying'의 차이점을 알아 두세요. 절대로 'I will staying' 또는 'I am stay' 라고 말하지 마세요.

Do you have the address?

A ❶ Do you have the address?

❷ What is the address?

❸ Could you tell me the address of the hotel?

❹ Can I have the address?

B ❶ Yes, it's... / Yes, the address is... / Yes, it is...

❷❸❹
  It's...

A 그 숙소의 주소를 알고 있나요?

그 숙소의 주소가 무엇입니까?

그 호텔의 주소를 알려 주시겠습니까?

그 숙소의 주소를 불러주세요.

B 네, 주소는 ⋯ / 네, 그 곳의 주소는 ⋯ / 네, 주소가 ⋯

주소는 ⋯

Talking Tip

You do not need to answer the above questions in a sentence.

위의 질문에 대해 완벽한 문장으로 답변할 필요는 없습니다.

010

Do you have the phone number?

The same questions could be asked for the phone number of the place you are staying:

당신이 머무르는 숙소의 전화번호 역시 물어볼 수도 있습니다.

A ❶ Do you have the phone number?

❷ What is the contact number?

❸ Could you tell me the phone number of the hotel?

❹ Can I have the number?

B ❶ Yes, it's... / Yes the phone number is... / Yes, it is...

❷❸❹ It's...

A   그 숙소의 전화번호를 알고 있나요?

그 숙소의 연락처가 어떻게 되나요?

그 호텔 전화번호를 알려주시겠습니까?

그 숙소 전화번호를 알려주세요.

B   네, 전화번호는 … / 네, 전화번호가 … / 네, 그곳의 전화번호는 …

전화번호는 …

Talking Tip

It is unlikely for customs to ask you for both the address and the phone number, as they just want to confirm you know where you are staying and either answer can do this.

세관 직원이 그 숙소의 전화번호와 주소 둘 다 물어보는 것은 흔하지 않습니다. 그들은 당신이 어디에 묵을 것인지, 그리고 그들의 질문에 대답을 할 수 있는지 확인하고 싶은 것뿐이기 때문입니다.

Common Mistake

When stating a phone number, you should do so slowly, so as not to make a mistake.

전화번호를 말할 때는 실수를 할 수도 있기 때문에 천천히 말해야 합니다

011

Have you visited here before?

A ❶ Have you ever been here before?

❷ Have you traveled to England before?

❸ Have you visited here before?

❶❷❸

B No, I haven't.

No, this is my first time.

Yes, I have.

A 전에 이곳을 방문한 적이 있습니까?

영국을 이전에 여행한 적이 있나요?

이곳을 이전에 방문한 적이 있습니까?

B 아니요, 없습니다.

아니요, 저의 첫 방문입니다.

네, 방문한 적이 있습니다.

Any of the above answers can be answered with any of the above questions.
모든 답변이 위 질문에 대한 대답이 될 수 있습니다.

If you answer 'yes' to the previous question, you may be asked:

이전 질문에 대해 '네'라고 답변한다면, 다음과 같은 질문을 받게 될 것입니다.

A ❶ When did you last travel here?

❷ When were you last here?

❸ Do you know when you were last here?

❶❷❸

B About two years ago.

I can't remember. Maybe five years ago.

I'm not sure. It was a long time ago.

Any of the above answers can be answered with any of the above questions.
모든 답변이 위 질문에 대한 대답이 될 수 있습니다.

A 언제 이곳을 마지막으로 여행했습니까?

마지막으로 이곳을 방문한 것이 언제입니까?

마지막으로 이곳을 방문한 것이 언제인지 기억하나요?

B 약 2년 전입니다.

잘은 기억이 안 나지만, 아마도 5년 전일 겁니다.

확실하진 않지만, 오래 전입니다.

You do not need to give an exact date to this question, therefore using words such as 'about', 'perhaps' and 'maybe' are ok. Below are some more examples.

이 질문에 대해 정확한 날짜를 말할 필요는 없습니다. 그러므로 'about', 'perhaps' 그리고 'maybe'와 같은 단어를 사용해도 무방합니다. 아래는 더 많은 표현들입니다.

Common Mistake

When stating a phone number, you should do so slowly, so as not to make a mistake.

전화번호를 말할 때는 실수를 할 수도 있기 때문에 천천히 말해야 합니다

About a year ago	약 1년 전에
Maybe one year ago	아마 1년 전쯤
Perhaps it was a year ago	아마도 1년 전 이었을 겁니다.
Approximately one year ago	대략 1년 전에
Around one year ago	1년쯤 전에
Roughly one year ago	약 1년 전에는

Do you have anything to declare?

A ❶ Do you have anything to declare?
　❷ Anything to declare?

❶❷
B　No, I don't.
　　No. / No, nothing.

A　신고할 만한 물건을 소지하고 있습니까?　　**B**　아니요, 없습니다.
　　신고할 물건이 있나요?　　　　　　　　　　　아니요. / 아니요, 아무것도 없습니다.

Talking Tip

Any of the above answers can be answered with any of the above questions.
모든 답변이 위 질문에 대한 대답이 될 수 있습니다.

The word 'declare' means to tell or state something. If you are declaring something at an airport it means you are carrying something that is perhaps over the allowed amount, such as alcohol or gifts. This can also include prohibited items.

'Declare'의 뜻은 무언가를 진술 혹은 사실대로 말하는 것을 의미합니다. 공항에서 진술을 한다는 것은 술이나 선물과 같이 반입 허용량을 초과하는 것을 가지고 왔음을 의미합니다. 이는 또한 반입 금지 항목을 말하는 것이기도 합니다.

013

I hope you enjoy your stay.

A
❶ Thank you. Enjoy your stay.
❷ Enjoy your stay here in England.
❸ I hope you enjoy your stay.
❹ Have a great trip.

❶❷❸❹
B
Thank you.
Many thanks.
Thanks.
Much appreciated.

A
고맙습니다. 즐거운 여행이 되세요.
영국에서 즐거운 여행이 되시길 바랍니다.
즐거운 여행이 되길 바랍니다.
즐거운 여행 되세요.

B
고맙습니다.
정말 고맙습니다.
감사합니다.
정말 감사합니다.

Talking Tip

Any of the above responses can be answered with any of the above statements.
모든 답변이 위 서술 에 대한 대답이 될 수 있습니다.

Saying the expression 'much appreciated' is the same as saying 'thank you', but slightly more formal.

'Much appreciated'라는 표현은 'thank you'와 같은 의미이지만, 약간 더 공손한 표현입니다.

Topic 9

At baggage claim

수하물 찾는 곳에서

Although it doesn't happen often, it is possible to lose your luggage during a flight. This happened to me once and made me very angry. If this happens to you, then you should look for a sign saying 'Lost Luggage'. The following questions will help you navigate such a situation. This conversation will be between a traveler and baggage claim.

다음과 같은 일이 빈번히 일어나지는 않지만, 여행을 하는 동안 자신의 짐을 잃어버리는 경우가 생길 수 있습니다. 저에게도 이런 경험이 있었고 너무나 화가 났었습니다. 만약 이러한 경우가 발생한다면 '잃어버린 수하물 찾는 곳'으로 가야만 합니다. 아래의 질문은 여러분이 부정적인 상황에 처했을 때 도움을 줄 것입니다. 다음의 상황은 여행자와 수하물 찾는 곳의 직원 간 대화입니다.

How may I help you today?

A ❶ How may I help you today?

❷ In what way can I help you?

❸ How can I be of service?

❹ What seems to be the problem, sir?

❶❷❸❹

B My bag has not arrived on the carousel.

My bag was not on the carousel.

I cannot find my bag.

My bag has not arrived.

Any of the above answers can be answered with any of the above questions.
모든 답변이 위 질문에 대한 대답이 될 수 있습니다.

A   무엇을 도와드릴까요?

어떻게 도와드릴까요?

도움이 필요하십니까?

무슨 문제가 있나요?

B   가방을 아직 못 찾았습니다.

제 가방을 찾을 수가 없어요.

가방을 못 찾겠네요.

제 가방이 아직 도착 안 한 것 같아요.

Talking Tip

Before I go any further, I would like to give you some advice. Losing your luggage can be very frustrating and therefore it is very easy to get angry. My advice to you is DON'T. If you become angry you may receive a very negative response from the person working at baggage claim, and they might not be willing to help you as best they can. Being polite to the person you are talking to will always help you in such situations, particularly in Western countries.

다음으로 넘어 가기 전에 몇 가지 충고를 하고 싶습니다. 수하물을 잃어버린다는 것은 매우 신경질이 나는 일입니다. 그래서 쉽게 화가 나기도 합니다. 저의 충고는 절대로 화를 내지 말라는 것입니다. 만약 화를 내면 수하물 담당자로부터 부정적인 답변을 들을지도 모릅니다. 그리고 그들은 그들이 할 수 있는 최선을 다해서 도우려고 하지 않을지도 모릅니다. 특히 서양에서는 상대방에게 항상 공손하게 말하는 것이 어떠한 상황에서건 당신에게 이롭습니다.

Common Mistake

The words 'lose' and 'loose' have completely different meanings, yet are often confused. 'Lose' means to no longer have something, for example; "I always seem to lose my phone". However, 'loose' means not tight, for example; "Those clothes are too loose on you.".

'Lose'와 'loose'는 완전히 다른 의미를 가지고 있지만 자주 혼동되곤 합니다. 'Lose'는 어떤 것을 잃어버린다는 뜻입니다. 예를 들어, '나는 항상 전화기를 잃어버립니다.' 반면에 'loose'는 헐렁하다는 뜻입니다. 예를 들면, '그 옷은 너에게 너무 헐렁한 것 같아.'

002

What is your flight number?

A ❶ Do you have your flight number?
❷ What is your flight number?
❸ Can I see your ticket please?

B ❶ Yes, it's KA1234.
❷ The flight number is KA1234.
❸ Sure, here it is.

A
알겠습니다. 타고 오신 항공편 명이 무엇입니까?
항공편 명이 어떻게 되나요?
탑승권을 보여 주시겠습니까?

B
네, KA1234 편입니다.
네, 항공편은 KA1234입니다.
물론이죠, 여기 있습니다.

Talking Tip

When reading the flight number, do so slowly and clearly in order to avoid making a mistake.

항공편 명을 읽을 때는 실수하는 것을 피하기 위해서 천천히 그리고 명확하게 읽어야 합니다.

May I have your claim ticket?

A
❶ May I have your claim ticket?
❷ Do you have your claim ticket?
❸ May I see your claim ticket?

B
❶ Yes, here.
❷ Yes, I do. Here you are.
❸ Sure, here it is.

A
수하물 표를 보여주시겠습니까?
수하물 표를 가지고 계신가요?
수회물 표를 보여주세요.

B
네, 여기요
네, 가지고 있습니다. 여기요.
물론입니다. 여기 있습니다.

Talking Tip

Your claim ticket is the sticker attached to your flight ticket after you check in and contains information about your luggage.

수하물 표는 탑승 수속 이후 탑승권에 붙여진 스티커로, 여러분의 짐에 관한 정보를 포함하고 있습니다.

Which carousel did you check?

A ❶ Did you check the correct baggage carousel?

❷ Which carousel did you check?

❸ Which carousel were you at?

B ❶ Yes, I did.

❷ I checked carousel B.

❸ I was at carousel B.

A 본인의 수하물 찾는 곳에서 확인해 보셨나요?

어느 수하물 찾는 곳을 확인해 보셨나요?

어느 수하물 찾는 곳에 가보셨습니까?

B 네, 확인해 봤습니다.

수하물 찾는 곳 B를 확인해 봤습니다.

수하물 찾는 곳 B에 가봤습니다.

Talking Tip

They will often ask you this question just to confirm that you were in the right place. Although this question can seem obvious, they are trained to ask it, and you would be surprised how many times people are at the wrong carousel.

그들은 여러분이 정확한 수하물 찾는 곳에 있었는지 확인하기 위해서 종종 이런 질문을 합니다. 비록 당연한 질문이지만, 그들은 이런 것을 물어보도록 훈련받았습니다. 그리고 얼마나 많은 사람들이 자신의 수하물 찾는 곳을 착각하는지 아신다면 놀랄지도 모릅니다.

Talking Tip

Just so you know, a 'carousel' is the moving machine from which you pick up your bags after you have left the plane.

'Carousel'은 움직이는 기계로서 비행기에서 내린 후 짐을 찾기 위해서는 이곳을 가야만 합니다.

We have begun searching for your bag.

A ❶ I have inputted your tag number into the computer and we are now in the process of searching for your bag.

❷ The computer has begun the process of locating your bag.

❸ We have begun searching for your bag.

❹ We are now trying to locate your bag.

B ❶ How long will this take?

❷ How long does it usually take?

❸ How long does this process usually take?

❹ When can I expect to receive my bag?

A　❶It usually takes between 24-48 hours.

❷In most cases it takes around two days.

❸It usually takes between one and two days.

❹Sometimes the bag is located quickly, but it can take up to 48 hours.

A　좀 전에 당신의 수하물 표 번호를 입력했습니다. 그리고 컴퓨터가 지금 당신의 가방을 찾고 있습니다.

컴퓨터가 당신의 가방이 어디에 있는지 찾고 있습니다.

당신의 가방이 어디 있는지 찾고 있습니다.

지금 당신의 가방이 어디 있는지 찾고 있습니다.

B　얼마나 오래 걸릴까요?

보통 얼마나 오래 걸리나요?

찾는 데 얼마나 오래 걸립니까?

언제쯤 제 가방을 돌려받을 수 있을까요?

A　보통은 24-48시간이 걸립니다.

대부분의 경우 약 이틀이 소요됩니다.

보통 하루 혹은 이틀이 걸립니다.

가끔은 빨리 찾는 경우도 있지만 최대 48시간까지 걸립니다.

Talking Tip

This is the part where most people will start losing their patience and begin shouting. As I said before, this happened to me once, and I can honestly say that shouting will not speed up the search, so try to stay calm.

이쯤 되면 대부분의 사람들이 인내심을 잃고 소리치기 시작합니다. 제가 앞서 말했듯이, 저에게도 이러한 일이 일어났었습니다. 그리고 솔직히 말하자면 소리를 치는 것은 가방을 찾는데 전혀 도움이 되지 않습니다. 그러므로 차분히 기다리세요.

This is unacceptable!

If you want to show that you are displeased you could say one of the following:

만약 당신이 화가 났다는 것을 표현하고 싶으면 아래의 예제 중 한 가지 표현을 사용할 수 있습니다.

Traveler
❶ This is unacceptable!
❷ This is unsatisfactory!
❸ This is ridiculous!
❹ This is a joke! / What a joke!
❺ This is totally unprofessional!

	❶❷❸❹❺
Baggage claim	I'm very sorry sir(madam).
	We are sorry about this.
	We are sorry you feel this way.
	Sorry about this.
	We do apologize.
Traveler	이건 용납할 수 없습니다!
	불만족스럽네요!
	어처구니없는 일이 일어났네요!
	정말 터무니없군요! / 뭐 이런 경우가 다 있나요!
	이건 있을 수 없는 일입니다!
Baggage claim	대단히 죄송합니다. 부인(선생님).
	이점에 대해 깊이 사과드립니다.
	기분을 상하게 해 드려서 죄송합니다.
	이 사건에 대해 사과드리겠습니다.
	정말 죄송합니다.

Any of the above responses can be answered with any of the above statements.
모든 답변이 위 서술에 대한 대답이 될 수 있습니다.

Talking Tip

The word 'joke' means telling a story that has a funny ending and is often followed by somebody laughing. However, the expression "What a joke!" is used to express that something, usually a situation, is unacceptable.

'Joke'의 뜻은 어떤 사람이 크게 웃을 수 있도록 하는 우스꽝스러운 이야기를 말합니다. 그렇지만 'What a joke!'라는 표현은 절대로 용납할 수 없는 그런 특정 상황을 표현할 때 사용합니다.

'Apologize' is American English, but in British English is the word is spelled 'apologise'. This is usually the case in most words that end in 'ze'. Other examples include:

'Apologize'는 미국식 영어 단어입니다. 반면에 영국식 영어는 'apologise'라고 씁니다. 이러한 철자의 차이는 주로 'ze'로 끝나는 단어들에서 많이 볼 수 있습니다. 아래의 표는 다른 예제들을 보여 주고 있습니다.

	British English(영국식 영어)	American English(미국식 영어)
분석하다	analyse	analyze
사과하다	apologise	apologize
전채요리	appetiser	appetizer
촉매작용하다	catalyse	catalyze
문명화하다	civilise	civilize
식민지화하다	colonise	colonize
비판하다	criticise	criticize
강조하다	emphasise	emphasize
조직하다	organise	organize
대중화하다	popularise	popularize
알아차리다, 인식하다	realise	realize
인정하다	recognise	recognize

Could you tell me where you will be staying so we can be in touch?
Yes, in my friend's home.

Do you have the phone number?
Yes, it's...

A   ❶ Where are you staying so that we can contact you if your bag is located?

❷ Where will you be staying so that we can contact you?

❸ Do you know where you will be staying so that we can contact you?

❹ Could you tell me where you will be staying so we can be in touch?

B   ❶ I am staying with friends.

❷ I will be staying in the Star Hotel.

❸ Yes, I am staying in Dave's Youth Hostel.

❹ Yes, in my friend's home.

A   ❶ Do you have the phone number?

❷ What is the contact number?

❸ Could you tell me the phone number of the hotel?

❹ Can I have the number?

❶❷❸❹
B   Yes, it's...

It's...

Yes, the phone number is...

Yes, it is...

A 만약 짐을 찾게 되면 저희가 바로 연락할 수 있도록 어디에 머무는지 알려주시겠습니까?

저희가 연락할 수 있도록 어디에 머무는지 알려주세요.

저희가 연락을 할 수 있도록 숙소가 어딘지 말씀해 주세요.

저희가 연락을 하게끔 어디에 묵으시는지 말씀해 주실 수 있나요?

B 친구들과 함께 있을 겁니다.

Star 호텔에 머무를 것입니다.

네, Dave's Youth Hostel에 있을 겁니다.

네, 제 친구 집에 머무를 겁니다.

A 연락처를 알려 주시겠습니까?

전화번호가 무엇입니까?

호텔 전화번호 좀 알려주시겠습니까?

숙소 연락처를 알려주세요.

B 네, 번호는 …

번호는 …

네, 전화번호는 ….

네, 그러니까 …

Talking Tip

You should always try to provide baggage claim with a contact number. If you do not, you will have to continually call baggage claim, which can be a problem.

항상 수하물 담당자에게 당신이 묵을 숙소의 연락처를 알려줘야 합니다. 그렇지 않으면 계속해서 그 사람에게 확인 전화를 해야만 합니다. 그리고 이로 인해 또 다른 문제가 생길 지도 모릅니다.

What if my luggage is lost?

Traveler
❶ What if my bag isn't found?
❷ What if my luggage is lost?
❸ What happens if you cannot locate my luggage?
❹ And if my luggage is lost?

Baggage claim
❶❷❸❹
Then you can fill out a claim form. But don't worry, we usually locate all bags.
You can fill out a claim form if it comes to that.
We will contact you after two days and you can fill out a claim form.
If that happens you will have to fill out a claim form.

Any of the above answers can be answered with any of the above questions.
모든 답변이 위 질문에 대한 대답이 될 수 있습니다.

A 만약 제 가방을 찾지 못하면 어떻게 되나요?

제 짐이 분실되었다면 어떻게 하나요?

제 짐을 찾지 못한다면 어떻게 되나요?

제 짐을 못 찾는다면요?

B 그럴 경우 청구서를 작성하시면 됩니다. 그렇지만 걱정하지 마세요. 보통은 찾을 수 있습니다.

만약 그럴 경우, 청구서를 작성하세요.

저희가 이틀 후에 연락을 드리겠습니다. 그러면 청구서를 작성하시면 됩니다.

만약 그런 일이 발생한다면 청구서를 작성하셔야 합니다.

Talking Tip

Waiting is all you can do if you lose your luggage. It is not ideal, but remember, if you are polite, you may receive faster service.

만약 짐을 잃어 버렸다면 오로지 기다리는 것밖에는 할 수 있는 것이 없습니다. 이것이 최선은 아니지만, 만약 그들에게 예의 바르게 행동한다면 아마도 더 빨리 짐을 찾을 수도 있을 겁니다.

Common Mistake

A claim form is a sheet of paper that you have to fill out in order to claim something back, such as lost luggage.

'A claim form'은 가방을 읽어버린 것에 대해 돌려 줄 것을 요구하기 위해 작성하는 공식적인 문서입니다.

Topic 10

Renting a car
자동차 대여하기

If you plan to do a lot of traveling you may wish to rent a car. You can do this at a rental store or the airport. This unit aims to help prepare you for this. The conversation will be between a clerk and a customer.

오랜 기간 동안 여행을 계획했다면 아마도 차를 대여해서 여행하길 원할 것입니다. 차는 공항이나 자동차 렌탈 업체를 통해서 빌릴 수 있습니다. 이번 장에서는 여러분이 이런 상황을 잘 대처할 수 있도록 도와줄 것입니다. 아래의 상황은 자동차대여 업체 직원과 고객 간의 대화입니다.

001

Welcome to Rent-a-Car.

Welcome to Rent-a-Car.

Rent-a-Car 방문을 환영합니다.

When entering a car rental store, you will often be greeted by the above statement. You do not need to reply.

자동차대여 전문점에 방문하게 되면 점원으로부터 위와 같은 환대를 받게 될 것입니다. 이에 대해 응답을 할 필요는 없습니다.

How can I help?

A ❶ How can I help you?

❷ How can I help?

❸ What can I do for you today?

❹ How can I be of assistance?

❶❷❸❹

B I would like to rent a car.

I am looking to rent a car.

I need to rent a car.

I'd like to rent a car.

Any of the above answers can be answered with any of the above questions.
모든 답변이 위 질문에 대한 대답이 될 수 있습니다.

A 어떻게 도와드릴까요?

무엇을 도와드릴까요?

어떻게 오셨습니까?

어떤 도움이 필요하신가요?

B 차 한 대를 대여하고 싶습니다.

차 한 대를 빌리고 싶네요.

차 한 대가 필요합니다.

차 한 대를 빌리려고 왔습니다.

Common Mistake

Remember to put the article 'a' when you say 'rent a car'. I have heard people say 'rent the car' in the past, which is wrong.

'Rent a car'라고 말할 때 관사 'a'를 꼭 붙이세요. 많은 사람들이 'rent the car'라고 말하는 것을 자주 들었습니다. 이것은 잘못된 표현입니다.

Common Mistake

A common mistake is confusing the words 'rent' and 'borrow'. Rent is used to describe a payment, such as for a house or for a car. However, when you 'borrow' something, you do so for free. 'Borrow' should not be used to describe things that are paid for, such as movies from a DVD store ("I rented Lord of the Rings last night").

흔히 범할 수 있는 또 다른 실수는 'rent'와 'borrow'의 부적절한 사용입니다. 'rent'는 'renting a car'처럼 일정 시간 동안 돈을 지불하고 빌리는 것을 말합니다. 반면에, 'borrow'는 대가 없이 빌리는 것을 의미합니다. 그러므로 차를 빌릴 때는 'borrow'라고 말하면 안됩니다.

003

What size are you looking for?

A ❶ What size would you prefer?
    ❷ Any particular size?
    ❸ What size are you looking for?

    ❶❷❸

B What are the choices?
    What do you have?
    Anything really. What is available?

A 어느 정도 크기의 차를 원하시나요?
    찾으시는 크기의 차가 있습니까?
    얼마나 큰 차를 찾으시나요?

B 어떤 종류의 차가 있나요?
    무슨 종류의 차가 있나요?
    아무거나 괜찮아요. 지금 빌릴 수 있는 차는 어떤 건가요?

Any of the above answers can be answered with any of the above questions.
모든 답변이 위 질문에 대한 대답이 될 수 있습니다.

CD A_Topic 10–004, E_Topic 10–004

How long do you need the car for?

A ❶ How long do you need the car for?

❷ How long will you be needing the car?

❸ For how long?

❹ When will you be returning the car?

❶❷❸❹

B I need it until Tuesday.

For five days.

Until the 17th.

I will be returning it on the 15th. / On the 15th.

Any of the above answers can be answered with any of the above questions.
모든 답변이 위 질문에 대한 대답이 될 수 있습니다.

A 얼마나 오랫동안 차를 빌리실 건가요?

며칠 동안 차가 필요하십니까?

며칠이나 차가 필요하신가요?

차를 언제 돌려주실 겁니까?

B 화요일까지 필요합니다.

5일 동안이요.

17일까지요.

15일에 돌려 드리겠습니다. /15일에요.

Talking Tip

When answering this question you need to give the exact date. If you do not return it on time you will be fined by the rental company.

이러한 질문에 답변을 할 때는 정확한 날짜를 말해줘야 합니다. 만약 정해진 시간보다 늦게 돌려줬을 때는 자동차대여 업체에 벌금을 지불해야 할 것입니다.

Common Mistake

As mentioned in the 'At Customs' unit, it is common to confuse the words 'for' and 'since' when talking about time. Remember that 'for' is used when talking about the future('I will stay here for three weeks'), but 'since' is used when talking about the past('I have been here since August 3rd').

'세관에서' 편에서 살펴봤듯이, 시간에 대해 말할 때 'for'와 'since'를 혼동하는 것은 흔한 일입니다. 'For'는 미래를 말할 때 사용('I will stay here for three weeks')하지만, 'since'는 과거를 말할 때 사용('I have been here since August 3rd')합니다.

May I have your name?

A ❶ Your name, please?

❷ May I have your name?

❸ Could you tell me your name?

❹ What is your name?

❶❷❸❹

B   My name is Joe Simms.

Yes, it's Joe Simms.

Yes, Joe Simms.

Joe Simms.

Any of the above answers can be answered with any of the above questions.
모든 답변이 위 질문에 대한 대답이 될 수 있습니다.

A 이름은요?

이름을 알려 주시겠습니까?

성함을 알려 주시겠습니까?

이름이 뭔가요?

B 제 이름은 Joe Simms입니다.

네, Joe Simms요.

네, Joe Simms입니다.

Joe Simms.

Talking Tip

It is perfectly fine to answer using the short form('Joe Simms').
Again, you are not being tested on your English ability here.

'Joe Simms'와 같이 짧게 대답해도 무방합니다. 다시 한 번 말하지만, 여기서는 영어 실력을 테스트하는 것이 아닙니다.

After you state your name you might be asked how to spell it, especially if your name is difficult or long.

어쩌면 당신이 이름을 말한 후 누군가가 스펠링이 어떻게 되는지 물어볼 수도 있습니다. 특히나 이름이 어렵거나 긴 경우에는 더욱 그럴 확률이 높습니다.

A ❶ How do you spell that?

❷ Do you mind spelling that for me?

❸ Could you spell that for me please?

❹ Could you tell me how to spell that?

❺ How do you spell that?

❶❷❸

B It's J-O-E and S-I-M-M-S.

The first is spelt J-O-E and my last name is S-I-M-M-S.

It's J-O-E S-I-M-M-S.

A 철자가 어떻게 되나요?

철자를 좀 불러 주시겠습니까?

철자를 불러 주실 수 있나요?

성함을 어떻게 쓰는지 알려 주시겠습니까?

철자를 불러주세요.

B J-O-E 그리고 S-I-M-M-S.

이름은 J-O-E이고 성은 S-I-M-M-S입니다.

J-O-E S-I-M-M-S.

Any of the above answers can be answered with any of the above questions.
모든 답변이 위 질문에 대한 대답이 될 수 있습니다.

If you are asked to spell your name by the clerk, you should do so slowly and clearly.

이름의 철자를 말할 때는 천천히, 그리고 명확하게 말해야 합니다.

Do you have a driver's license?

A ❶ Do you have a valid driver's license?

❷ Do you have a driver's license?

❸ Can I see your driver's license

❶❷❸

B Yes, here it is.

Yes, here.

Of course. Here.

Sure. Here it is.

Any of the above answers can be answered with any of the above questions.
모든 답변이 위 질문에 대한 대답이 될 수 있습니다.

A 공인 운전 면허증을 소지하고 있나요?

운전 면허증이 있습니까?

운전 면허증을 보여주시겠어요?

B 네, 여기 있습니다.

네, 여기요.

물론입니다. 여기 있습니다.

물론이죠. 여기요.

Talking Tip

In some Western countries you need an international driving license before you can rent a car or even drive in that country. Therefore, you should check whether you need one or not before leaving your country, as that is the only place you can get one.

일부 서양 국가에서는 차를 빌리기 전 혹은 운전을 하기 위해서는 국제운전면허증이 필요합니다. 그러므로 모국을 떠나기 전에 방문하는 국가가 그것을 필요로 하는지 아닌지를 미리 확인해야 합니다. 왜냐하면 국제운전면허증은 자신의 국가에서만 발급이 가능하기 때문입니다.

Talking Tip

The word 'valid' in this case means legal.

위에서 'valid'의 뜻은 법적으로 입증이 되었다는 뜻입니다.

Would you like insurance?

A
❶ Would you like to purchase our insurance plan for an extra $50?
❷ Would you like to get insurance?
❸ Would you like insurance?

B ❶❷❸
No, thank you. / No, thanks. / Yes, please.

A
$50 달러의 추가 비용을 지불하고 저희 보험에 가입하시겠습니까?
보험을 가입하시겠습니까?
보험이 필요하신가요?

B
아니요, 고맙습니다. / 아니요, 감사합니다. / 네, 가입하겠습니다.

Any of the above answers can be answered with any of the above questions.
모든 답변이 위 질문에 대한 대답이 될 수 있습니다.

You should also check whether the insurance you have will cover the rental of a car. While in some cases it will, in others it will not.

당신이 가입되어 있는 보험이 대여한 자동차까지 적용이 되는지 반드시 확인하세요. 일부 경우는 적용이 되겠지만, 다른 경우 그렇지 않을 수도 있습니다.

A ❶ Ok, the car is due back at 7 p.m. on Tuesday.

　❷ You are due to return the car at 7 p.m. on Tuesday.

　❸ Please return it by 7 p.m., Tuesday.

❶❷❸

B　I will, thanks. / No problem, thanks.

　7 p.m., Tuesday. Thanks.

A　좋습니다. 차는 화요일 오후 7시까지 돌려주셔야 합니다.

　화요일 오후 7시까지 차를 반납해 주셔야 합니다.

　화요일 오후 7시까지 반납해주세요.

B　네, 그렇게 할게요, 고맙습니다. / 그렇게 하죠, 고마워요.

　화요일 7시, 고맙습니다.

Talking Tip

Any of the above responses can be answered with any of the above statements.
모든 답변이 위 서술에 대한 대답이 될 수 있습니다.

It is useful to repeat the time and day back to the clerk so as to ensure there is not misunderstanding.

오해를 막기 위해 직원에게 반환할 날짜와 시간을 반복해서 말하는 것이 좋습니다.

Here are the keys. The car will be waiting for you outside.

A Here are the keys. The car will be waiting for you outside.

B Thank you. / Many thanks. / Thanks. / Much appreciated.

A 여기 열쇠를 받으세요. 차는 밖에 서 있을 것입니다.

B 고맙습니다. / 정말 감사합니다. / 고마워요. / 정말 고맙습니다.

Talking Tip

Once again, don't forget to say 'thank you' at the end, unless the service was not satisfactory.

다시 한 번 강조하지만, 서비스가 불만족스럽지 않는 한 마지막에 '고맙다'고 말하는 것을 잊지 마세요.

Topic 11

In a taxi
택시에서

A great way to practice your English skills is with a taxi driver. Taxi drivers are usually very friendly and are always willing to engage in conversation. This topic will introduce some useful subjects to talk about when you are in a taxi, as well as teaching you how to ask to be taken somewhere

영어를 잘 사용하기 위한 좋은 방법 중의 하나는 택시 운전기사와 대화를 하는 것입니다. 택시 운전기사들은 보통 친절한 편이고 기꺼이 낯선 사람과도 대화를 하고 싶어 합니다. 이번 장에서는 택시에서 대화하기 좋을 만한 주제와 어떻게 목적지까지 데려가 달라고 하는지 묻는 방법에 대해서 다룰 것입니다.

Please take me to Kings Road.

A : Please take me to Kings Road.
Can you take me to Kings Road, please?
Could you take me to Kings Road, please?
I'd like to go to Kings Road, please.
King's Road, please.

A : Kings Road에 데려다 주시겠습니까?
Kings Road로 가주세요. 부탁합니다.
Kings Road로 갈 수 있을까요?
Kings Road로 가주시겠습니까?
King's Road로 가주세요.

You do not necessarily need to say the 'Can you', 'Would you' 'I'd like' form. You can just state the place you want to go, as the last example on the previous page shows("King's Road please"). However, remember to say please.

'Can you', 'Would you', 'I'd like'와 같은 형태로 말할 필요는 없습니다. 앞의 예제의 마지막 문장처럼 그저 목적지만 말해도 괜찮습니다("King's Road please"). 그렇지만 'please'라고 말하는 걸 잊지 마세요.

Common Mistake

Never say "Take me to⋯" because it sounds too much like an order. Always be polite when possible.

절대로 'Take me to⋯'라고 말하지 마세요. 그건 너무 명령하는 것처럼 들립니다. 가능하면 항상 공손하게 말하세요.

A taxi driver will most likely give a short answer, such as the example above. He may even not answer you at all and just turn the meter on. Although this may seem a little rude, it is quite normal.

택시 운전기사는 위의 예와 같이 간단하게 답을 할 것입니다. 어쩌면 대답을 전혀 하지 않고 그저 택시 미터기를 켤 수도 있습니다. 비록 약간 무례해 보일지라도 이것은 꽤나 흔한 일입니다.

Yes, no problem.

Sure.

Of course.

Ok.

Right. / Righto.

네, 알겠습니다.

알겠습니다.

물론입니다.

좋습니다.

좋아요. / 알겠어요.

Talking Tip

The term 'righto' is a British English term and just means the same as 'ok'. You can use it instead of 'ok' in any circumstance.

'Righto'는 영국식 영어 표현이고 뜻은 OK와 같습니다. 이것은 어떠한 상황에서도 OK를 대신해서 사용할 수 있습니다.

How much will it cost?

A ❶ How much will it cost?

❷ Do you know how much the fare will be?

❸ Do you have any idea how much it will cost?

❶❷❸

B It will cost around seven dollars.

It should cost around seven dollars.

It will probably cost about seven dollars.

Any of the above answers can be answered with any of the above questions.
모든 답변이 위 질문에 대한 대답이 될 수 있습니다.

A 예상 택시비는 얼마인가요?

목적지까지 요금이 얼마가 나올까요?

그곳까지 가는 데 얼마나 들까요?

B 그곳까지는 약 7달러가 들것입니다.

최소한 7달러는 될 것 같은데요.

아마도 약 7달러 정도 들 것 같습니다.

Talking Tip

A taxi driver will almost always use words such as 'around', 'about', 'perhaps', 'maybe', 'probably' when estimating a fare. This is because it is difficult for them to know for certain. Therefore, be aware that the price they quote you may change.

택시 운전기사는 목적지까지의 요금을 예상할 때 거의 'around', 'about', 'perhaps', 'maybe', 'probably'와 같은 단어들을 사용할 것입니다. 이것은 확실하게 예측하는 것은 어렵기 때문입니다. 그러므로 택시 운전기사가 예상한 금액이 차이가 있을 수 있다는 것을 알아야 합니다.

003

> # I'd like to go the town center way.

A : Can you take me through the town center?
Please take me via the town center.
I'd like to go the town center way.

A : 타운센터를 통과해서 갈 수 있나요?
부디 타운센터를 지나서 가주세요.
타운센터 방향으로 가주시면 고맙겠습니다.

It is perfectly fine to tell a taxi driver which way you would like to go. He/she will usually take you the quickest route anyway.

어느 방향으로 가고 싶은지 택시 운전기사에게 말하는 것은 괜찮습니다. 어쨌든 그 사람은 아마도 가장 빠른 경로를 택할 것입니다.

Try to use one of the previous sentences when asking to be taken somewhere, as it is polite.

특정 지역을 지나쳐야만 할 때, 예의 바른 표현으로 앞의 예 중 한 가지 표현을 사용하세요.

Talking Tip

The spelling 'center' is American English. In British English the word is spelt 'centre'. Other examples include:

'center'는 미국식 영어입니다. 반면에 영국식 영어에서는 'centre'라고 씁니다. 아래는 또 다른 예를 보여주고 있습니다.

	American English(미국식 영어)	British English(영국식 영어)
섬유	fiber	fibre
리터	liter	litre
미터	meter	metre
극장	theater	theatre
칙칙한	somber	sombre
센티미터	centimeter	centimetre
킬로미터	kilometer	kilometre

Talking Tip

The word 'via' has the same meaning as 'through'. Therefore, saying 'Please take me via the town center' is the same as saying 'Please take me through the town center'.

이 문맥에서 말하는 'via'는 'through'와 동일합니다. 그러므로 'Please take me via the town center'라는 표현은 'Please take me through the town center'라는 표현과 같습니다.

Have you been working long today?

It is common to try and make small talk with a taxi driver and can be a great time killer, especially on long journeys. In some cases the taxi driver will start the conversation, especially if they are friendly. However, it is often left up to you to initiate the conversation. Here are some ways you can do so.

특별히 장거리 여행을 할 때는, 택시 운전기사와 잡담을 하는 것이 시간 때우기에는 좋은 방법입니다.

A So how long have you been working?

Have you been working long today?

Has it been a long night?

A 택시 운전한지 얼마나 되셨나요?

오늘 하루 종일 운전하셨나요?

힘든 하루를 보내셨나요?

Below is another great conversation starter as it requires a direct answer from the taxi driver. It also shows that you are interested in their job.

아래도 역시 대화를 시작하기에 좋은 질문들입니다. 왜냐하면 택시 기사로부터 바로 답변을 기대할 수 있기 때문입니다. 또한, 당신이 그 사람의 직업에 흥미가 있다는 것을 보여주는 것이기도 합니다.

A When do you finish work tonight?
When do you get off?
When are you finishing work tonight?

A 언제 집에 가시나요?
언제쯤 일이 끝나시나요?
오늘밤 언제 일이 끝나십니까?

Talking Tip

The expression 'get off' is the same as saying 'finishing work'. It is a slang expression, but is commonly used in the English language.

'get off'라는 표현은 일을 끝낸다는 것과 같은 말입니다. 표준어는 아니지만 영어에서 흔히 사용되는 말입니다.

Common Mistake

I have heard this far too many times in the past; there is no 'I' or 'y' at the end of 'finish'. So therefore don't pronounce an 'I' or a 'y' when saying it. It is not 'finishi' or 'finishy'. The word is 'finish'!

'Finish'의 끝에는 'I' 혹은 'y'는 없습니다. 그럼에도 불구하고 많은 사람들이 수십 번도 더 이것을 잘못 발음하는 것을 들었습니다. 그래서 절대로 'I' 나 'y'를 발음하지 않도록 주의하세요. 'Finishi' 또는 'finishy'가 아닙니다. 정확한 단어는 'finish'입니다.

Again you are showing an interest in what the taxi driver does, so it should lead to a response by them.

다시 한 번 택시 운전기사가 흥미로워 할 만한 질문을 하고 있습니다. 그러면 상대방은 반드시 이에 응답할 것입니다.

A Have you been busy tonight?
Busy night tonight?

A 오늘 밤 손님이 많았습니까?
오늘 밤은 바쁜 거 같습니다. 그렇죠?

Talking Tip   The above examples are great ways to engage in a conversation with a taxi driver. In most cases the taxi driver will be more than willing to speak with you. However, if the taxi driver answers in one word or short sentences, it is likely that they do not wish to talk. This may not be a case of them being rude, but simply they have had a long night and are too tired or they wish to concentrate on driving.

위의 예제들은 택시 운전기사와 대화를 이끌어 나가기에 좋은 방법입니다. 대부분 경우 택시기사들은 당신보다 먼저 대화하기를 원할 것입니다. 그렇지만 택시기사들의 대답이 한 단어이거나 짧은 문장일 경우는 그들이 대화를 하고 싶어 하지 않는 다는 뜻입니다. 이런 경우는 무례한 경우가 아니라, 단순히 그들이 피곤하고 굉장히 지친 하루를 보냈거나 혹은 운전에 집중하길 원하기 때문일지도 모릅니다.

What are the hot spots around here?

There is no better person to ask about where a good place to visit is than a taxi driver as they will know the city better than anyone else. Therefore, you should feel free to ask the taxi driver any of the following questions:

택시 운전기사만큼이나 그 곳에서 가볼 만한 곳을 추천해줄 사람은 없을 것입니다. 왜냐하면 그들은 그 도시를 어느 누구보다도 잘 알고 있기 때문입니다. 그러므로 아래의 질문들을 거리낌없이 해도 괜찮습니다.

A Can you recommend a good bar around here?

Are there any good places to go out around here?

What are the hot spots around here?

Where is a good place to visit around here?

What is a popular place among tourists around here?

A 이 근처에서 가볼 만한 술집을 추천해주시겠습니까?

이 근처에서 가볼 만한 곳을 추천해주시겠습니까?

이곳에서 가장 인기 있는 장소가 어딘가요?

이곳에서 꼭 가봐야 할 장소가 있습니까?

여기에서 관광객들에게 유명한 곳이 어디입니까?

CD A_Topic 11–006, E_Topic 11–006

Perfect. I would like to go there please.

If you ask any of the questions on page 224, the taxi driver should answer honestly, and if you like the sound of the driver's recommendation, you can say one of the following sentences:

만약 224페이지의 질문을 한다면, 택시 기사는 반드시 정직하게 답변할 것 입니다. 그리고 그 사람의 추천이 마음에 들었다면 다음과 같이 말하면 좋을 것입니다.

A Can you take me there, please?
Great. Please take me there.
Perfect. I would like to go there please.

A 추천한 곳으로 데려다 주시겠습니까?
좋습니다. 그쪽으로 가시죠.
완벽하군요. 그곳에 꼭 가보고 싶습니다.

If you ask the driver the question "What are the hot spots around here", you should know that 'hot spots' is usually associated with night life, and that the taxi driver will likely assume you mean a bar or club. If you use the expression 'go out', as shown on the previous page, it means the same thing.

"What are the hot spots around here?"라고 질문을 한다면, "hot spots"가 주로 밤 문화와 관련이 있다는 것을 알아야만 합니다. 그리고 택시기사는 아마도 당신이 바 혹은 클럽을 찾고 있다고 생각할 것입니다. 위의 예에 나온 'go out'이라는 표현 역시도 같은 의미입니다.

It is difficult to say how much to tip a taxi driver because the rules are different in different countries. For example, in Korea you do not have to tip, but in America you should. In some countries, taxi drivers only get paid in tips. Therefore, before you travel to a country you should research what the tipping etiquette there is.

택시 기사에게 얼마나 팁을 줘야 하는지 말하는 것은 어렵습니다. 왜냐하면 나라마다 각기 다른 규칙을 가지고 있기 때문입니다. 예를 들면, 한국에서는 팁 문화가 없지만 미국에서는 반드시 팁을 줘야 합니다. 일부 국가에서는 팁을 통해서만 월급을 받는 택시 기사들도 있습니다. 그러므로 여행을 하기 전에 해당 국가의 팁 문화에 대해서 숙지하고 가는 것이 좋습니다.

Common Mistake

Do not say "Take me there!" as this is impolite and could come across as an order, therefore most likely offending the taxi driver. Instead, use one of the more polite examples given on the previous page.

절대로 "Take me there!"라고 말하지 마세요. 왜냐하면, 택시기사가 당신보다 나이가 많을 수도 있고 모욕감을 느낄 수도 있기 때문입니다. 대신에 이전 페이지에 있는 예제 중 한 가지 표현을 사용하세요.

Pull over please.

When you get to the destination, you have to ask the driver to stop. Here are ways to do this:

당신이 목적지에 도착했을 때, 운전 기사에게 멈춰달라고 말해야 합니다. 아래는 그 방법들입니다.

A
Pull over please.
This is fine.
Pull over here please.
It's ok to stop here.
Can you pull over please?
This is perfect.
This is great.

A
세워주세요.
여기가 좋아요.
여기서 세워주세요.
여기서 세워주시면 됩니다.
세워주시겠어요?
이곳이 완벽해요.
이곳이 좋아요.

Saying one of these sentences is absolutely fine, however you should also point in the direction you want the taxi driver to stop.

이 문장들 중 어느 것이든 좋지만 택시 운전사에게 멈추길 원하는 지점을 알려주어야만 합니다.

Talking to a stranger

낯선 사람과 대화하기

Talking to a stranger is something that can be done anywhere, such as a coffee shop, a party, an airport lounge, or a bus stop. However, for this unit I want you to imagine you are in a coffee shop looking to strike up a conversation with someone who is reading a book. This conversation will be between person A and person B. Person A will be trying to start a conversation with person B.

처음 보는 사람과 대화를 하는 것은 어디서나 있을 수 있는 일입니다. 가령, 커피 전문점이나 파티, 공항 라운지 또는 버스 정류장과 같은 곳에서 말이죠. 그렇지만 이번 장에서는 커피 전문점에서 책을 읽고 있는 한 사람과 대화를 나누려고 하는 장면을 예로 사용해 보겠습니다. 다음의 대화는 A라는 사람과 B라는 사람 간의 대화입니다. A는 B와 대화를 시도하려고 합니다.

001

A ❶ Do you mind if I ask you what you are reading?

❷ Pardon me, I was wondering what book you are reading.

❸ Excuse me, could you tell me what book you are reading?

❹ Do you mind telling me what book you are reading?

A 어떤 책을 읽고 있는지 물어봐도 될까요?

실례합니다. 어떤 책을 읽고 있는지 궁금해요.

실례합니다. 어떤 책을 읽고 있는지 말씀해 주실 수 있나요?

어떤 책을 읽고 있는지 제게 알려 주실 수 있습니까?

Asking one of these questions shows you are showing an interest in someone and should get a positive response.

위와 같은 질문은 당신이 누군가에게 흥미가 있다는 것을 보여줍니다. 그리고 반드시 긍정적인 답변이 돌아올 것입니다.

As I have mentioned before, it is always more polite to begin a question with 'Pardon me' or 'Excuse me'.

앞서 말했듯이, 'Pardon me' 또는 'Excuse me'와 함께 질문하는 것은 항상 공손한 표현입니다.

Common Mistake

Try not to ask the question "What are you reading?" It is not a very polite way to start a conversation. Instead try to use the "Could you tell me…/Do you mind telling me…" form of the question as it is more polite.

"What are you reading?"과 같이 질문하지 마세요. 그것은 매우 무례한 태도로 대화를 시작하는 것입니다. 그 대신에 "Could you tell me…" 또는 "Do you mind telling me…"와 같은 형태로 질문을 하세요. 그것이 더 공손한 표현입니다.

> ## Not at all. I am reading Harry Potter and the Chamber of Secrets.

Now person B will answer the question on page 230.

이제 B라는 사람이 230페이지 질문에 대해 응답할 것입니다.

B

❶ Not at all. I am reading Harry Potter and the Chamber of Secrets.

❷ I am reading Harry Potter and the Chamber of Secrets.

❸ Sure. It's Harry Potter and the Chamber of Secrets.

❹ Of course not. It's Harry Potter and the Chamber of Secrets.

B

괜찮습니다. 저는 지금 해리포터와 비밀의 방을 읽고 있습니다.

해리포터와 비밀을 방을 읽고 있어요.

물론이죠, 해리포터와 비밀의 방을 읽고 있습니다.

물론입니다. 해리포터와 비밀의 방을 읽고 있어요.

If person B follows their answer with a question it usually means that they are interested in taking the conversation further. However, if person B answers in a short sentence and without asking a question it probably means that they are not interested in taking the conversation further. If this happens you could finish the conversation by saying one of the following:

만약 B가 대답할 때 추가로 질문을 할 경우, 그것은 주로 B도 A에게 관심이 있고 대화를 더 진행하고 싶다는 뜻입니다. 그렇지만 만약 B의 대답이 짧거나 A에게 질문을 하지 않는다면, 아마도 대화를 진행하고 싶지 않다는 뜻일 것입니다. 그럴 경우 다음과 같이 말하면서 대화를 끝내면 됩니다.

A ❶ Oh I see. It looks interesting. Thanks.
   ❷ Ok, I thought so. Thank you.
   ❸ I see. Great thanks.
   ❹ What a great book. Thanks.

A 네, 알겠습니다. 참 흥미로워 보이네요. 고맙습니다.
   네, 저도 그렇게 생각했어요. 고맙습니다.
   알겠습니다. 정말 고맙습니다.
   정말 훌륭한 책이네요. 고맙습니다.

Saying this enables you to end the conversation without any embarrassment.

이와 같이 말함으로써 당황하지 않고 대화를 자연스럽게 마무리지을 수 있습니다.

If person B is interested in speaking further, they would maybe answer the original question as follows:

B가 대화를 진행할 마음이 있다면, 아마도 다음과 같이 원래의 질문으로 돌아갈 것입니다.

B ❶Not at all. I am reading Harry Potter and the Chamber of Secrets. Have you read it?

❷I am reading Harry Potter and the Chamber of Secrets. Do you know it?

❸Sure. It's Harry Potter and the Chamber of Secrets. Have you read it before?

❹Of course not. It's Harry Potter and the Chamber of Secrets. Have you heard of it?

B 전혀요, 해리포터와 비밀의 방을 읽고 있습니다. 이 책을 읽어 보셨나요?

해리포터와 비밀의 방을 읽고 있습니다. 이 책에 대해서 아시나요?

물론이죠. 해리포터와 비밀의 방입니다. 전에 이 책을 읽어 보셨나요?

물론입니다. 해리포터와 비밀의 방입니다. 들어 보신 적 있나요?

From this answer you can safely assume that person B is interested in talking with you, therefore, you can answer the question followed by another question, such as:

이와 같은 응답으로 볼 때 B는 당신과 대화를 하는 것에 흥미가 있다는 것을 알게 될 것입니다. 그러므로 아래와 같은 질문을 함으로써 대화를 이끌어 나갈 수 있습니다.

A
❶ Yes, I have. It's great. What do you think?

❷ Of Course. Who hasn't? Have you read any other of the Harry Potter books?

❸ No, I haven't. Do you mind telling me what it is about?

❹ I am afraid not, but I have seen the movie. Have you seen the movie?

A : 네, 읽어 봤습니다. 훌륭하더군요. 어떻게 생각하십니까?

물론입니다. 누가 그 책을 안 읽어 봤을까요?

아니요, 아직 못 읽어봤습니다. 실례지만 책의 내용을 좀 알려주시겠습니까?

유감스럽지만 못 읽어봤네요, 그렇지만 영화는 봤습니다. 영화로 본적이 있으신가요?

Talking Tip

Movie is American English, but in British English the word is film.

'Movie'는 미국식 영어표현입니다. 반면에, 영국식으로는 'film'이라고 합니다.

Talking Tip

The expression 'who hasn't?' is a sarcastic way of implying that everyone is likely to have read the book. You can use this expression in any situation. For example "Who hasn't seen Star Wars".

'Who hasn't?'이라는 표현은 해학적인 표현으로 누구나 그 책을 한 번쯤은 읽어 봤을 것이라는 것을 강조하고 있습니다. 이 표현은 다른 상황에서도 역시 사용할 수 있습니다. 예를 들어, "Who hasn't seen Star Wars?(스타워즈를 안 본 사람이 있을까요?)"

Common Mistake

If someone says 'who hasn't?' in a sarcastic way, they are not expecting an answer. This is a rhetorical question, a figure of speech designed to highlight a considered obvious fact in the form of a question. I have used this kind of expression in class many times and my students often get confused and try to answer the question. This is wrong.

누군가가 'who hasn't?'라고 말하는 것은 풍자적인 표현으로, 질문에 대한 대답을 기대하지 않습니다. 이것은 반복적인 의문문입니다. 어떤 명백한 사실을 강조할 때 비유하는 말로서 이런 종류의 질문을 하곤 합니다. 저는 이러한 종류의 표현을 수업시간에 종종 사용하는데 많은 학생들이 혼란스러워 합니다. 그리고 질문에 대답을 하려고 하는데, 그것은 잘못된 것입니다.

I think it is great so far. Does it get any better?

Now person B will answer the question, which will possibly follow with another question:

이제 B가 질문에 대답을 하려고 합니다. 아마도 대답을 하면서 또 다른 질문을 물어볼 것입니다.

B ❶ I think it is great so far. Does it get any better?

❷ Yes, I have read Harry Potter and The Philosophers Stone. Have you read it? / No, I haven't. Can you recommend any others?

❸ Sure, it's an adventure story about a wizard. Have you read any other adventure stories?

❹ Yes, I have. It's great. What did you think? / No, I haven't. Is it any good?

B 제 생각엔 정말 훌륭합니다. 그것보다 더 나을 수가 있을까요?

네, 저는 해리포터와 마법사의 돌을 읽어 봤습니다. 그 책을 읽어 보셨나요? / 아니요, 못 읽어 봤네요. 또 다른 추천할 만한 책이 있습니까?

물론입니다. 마법사가 나오는 모험 이야기입니다. 다른 모험 이야기를 읽어 보신 적이 있나요?

네, 있습니다. 재미있죠. 어떻게 생각하시나요? / 아니요, 없습니다. 재미있던가요?

Talking Tip

You have now found yourself in a free flowing conversation with a stranger. Below is a list of words you can use when describing a book to help you when you find yourself in such a conversation. Remember, don't be shy!!

이제 당신은 처음 보는 사람과 대화를 하는 것이 더 이상 낯설지 않다는 것을 느낄 것입니다. 아래의 리스트는 책과 관련 된 대화를 할 때 묘사하면 좋은 단어들입니다. 참고하세요. 기억하세요, 부끄러 워하지 마세요!!

Positive words(긍정적인 단어들)	Negative words(부정적인 단어들)
Intriguing 아주 흥미로운	Boring 지루한
Captivating 매혹적인	Predictable 뻔한
Mysterious 불가사의한	Weak 재미없는
Classic 고전의	Tedious 싫증나는, 따분한
Dark 미스테리한	Dull 지루한
Hilarious 아주 웃긴	Terrifying 무서운
Insightful 통찰력 있는	Scary 무서운
Raw 신선한	Lifeless 맥 빠진
Honest 정직한	Heartbreaking 지루하여 싫증나는
Lovey-dovey 맹목적인 사랑에 빠진	
Fresh 참신한	
Fascinating 매력 있는	
Exciting 흥분되는	
Interesting 재미있는	
Memorable 기억에 남는	
Unique 독특한	
Enchanting 황홀하게 하는	

Do you mind telling me what article you are reading?

The previous conversation doesn't have to be limited to a book. You could talk about a wide variety of topics. For example, a newspaper article, a flight, the weather, a party etc. While the beginning of the conversation will be different, the same answer and question applies. Have a look at the following examples:

이전의 대화처럼 책에 한해서 말할 필요는 없습니다. 다양한 주제에 관해서 말해보세요. 예를 들면, 신문 기사, 비행, 날씨, 파티, 기타 등등. 대화의 시작 부분은 달라지겠지만 패턴은 동일합니다. 다음에 나오는 예제를 한 번 살펴보세요.

(A newspaper article 신문 기사)

A ❶ Do you mind if I ask you what news article you are reading?

❷ Pardon me, I was wondering what article you are reading.

❸ Excuse me, could you tell me what you are reading about?

❹ Do you mind telling me what article you are reading?

B ❶ Not at all. I am reading about the rise in taxes. Do you know much about it?

❷ I am reading an article about the rise in taxes. Have you heard about this?

❸ Sure. It's about the rise in taxes. Have you heard what has happened?

❹ Of course not. It's about the rise in taxes. Have you read about it?

A 실례지만 어떤 신문 기사를 읽고 있는지 물어봐도 되겠습니까?

실례합니다. 어떤 신문 기사를 읽고 있는지 궁금해서요?

실례합니다. 무엇에 관한 기사를 읽고 있는지 말해 주시겠습니까?

어떤 신문 기사를 읽고 있는지 말해 주실 수 있나요?

B 괜찮아요. 세율 증가에 관한 기사를 읽고 있었습니다. 그것에 대해 좀 아시나요?

세금을 올린다는 기사 내용을 확인 하고 있었습니다. 이것에 대해 들어본 적 있으십니까?

물론입니다. 세율 인상에 관한 기사를 읽고 있습니다. 이것에 대해 잘 아시나요?

물론이죠. 세율 인상에 관한 기사입니다. 들어 보신 적 있나요?

Talking Tip

You can use the same vocabulary as you would describing a book(on page 238) to describe a news article.

책을 묘사할 때 사용했던 단어들을 신문 기사를 묘사할 때 역시 사용할 수 있습니다.

007

Excuse me, could you tell me where you are flying?

(At the airport 공항에서)

A ❶ Do you mind if I ask you where you are flying?

❷ Pardon me; I was wondering if you are also flying to Malaysia.

❸ Excuse me, could you tell me where you are flying?

❹ Do you mind telling me where you are flying to?

B ❶ Not at all. I am flying to Hong Kong. Have you been there before?

❷ Yes, I am. For business. How about you?

❸ I am going to England. Do you know of any good places to visit?

❹ To Japan. Have you been?

A 실례지만 어디로 가는지 물어봐도 될까요?

실례합니다. 저와 같이 말레이시아 비행기에 타시나요?

실례합니다. 어디로 여행하는지 말해 주실 수 있나요?

실례지만 어디로 여행하는지 말해 주실 수 있나요?

B 괜찮아요. 저는 지금 홍콩에 갑니다. 거기에 가보신 적이 있습니까?

네, 맞아요. 사업차 방문하는 겁니다. 당신은요?

전 영국으로 갑니다. 영국에서 가볼 만한 곳에 대해 아십니까?

일본으로 갑니다. 가보신 적이 있습니까?

Common Mistake

A common mistake is made when saying the word 'fly' to talk about traveling somewhere by plane. The correct sentence is 'I am flying to…' Do not say "I fly to…' as it is wrong in this context.

비행기로 어떤 곳을 여행하는지 이야기할 때 'fly'란 단어를 사용하면서 실수를 종종 합니다. 올바른 문장은 'I'm flying to…'입니다. 절대로 'I fly to…'라고 말하지 마세요. 문맥에 맞지 않습니다.

Talking Tip

Here are some expressions to help you when you are describing a location, such as a country:

아래의 표현들은 시골과 같은 특정한 장소를 묘사할 때 도움이 될 만한 표현입니다.

It is beautiful.	아름답습니다.
It has a great skyline.	하늘이 정말 멋집니다.
It's a modern city.	현대적인 도시네요.
It's an interesting place.	흥미로운 곳이네요.
It's clean and tidy.	깔끔하고 정돈이 잘되어 있네요.
It isn't crowded.	붐비지 않아서 좋네요.
It has a great history.	위대한 역사를 가지고 있습니다.
It has fantastic food.	음식이 환상적입니다.

My family are from there.	저의 가족은 그곳 출신입니다.
It is well known for its museums.	그 박물관은 꽤 유명합니다.
It has many great sights.	정말 멋진 곳이 많습니다.
It's an excellent place to go sightseeing.	관광을 하기 안성맞춤인 곳입니다.
The architecture is wonderful.	훌륭한 건축물이네요.
It is home to many movie stars.	많은 영화배우를 배출한 곳입니다.

Common Mistake

When naming the countries you have visited, make sure you get the English name right. It is a common misconception that the English name of a country is the same in the Korean language. However, while many are the same, there are others that are not. Here are some common errors:

여러분들이 방문한 국가의 이름을 부를 때, 올바른 영어 표기법이 맞는지 확인하시기 바랍니다. 한국어로 사용하는 국가명칭과 영어에서의 국가명칭이 동일하다고 착각하는 경우가 종종 있습니다. 대부분은 같지만 그렇지 않은 경우도 있습니다. 아래는 올바른 국가 명칭에 대한 오해의 예입니다.

한국어	영어
체코	Checko= Czech Republic
이탈리아	Italia= Italy
독일	German or Dutch= Germany
네덜란드	Dutch= The Netherlands or Holland
브라질	Brazillia= Brazil
태국	Thai= Thailand
인도	Indo= India
아프리카(국가가 아니라 대륙입니다.)	Africa= Not a country, but a continent.

(The weather 날씨에 관해)

A ❶It's very cold today; a great day for skiing. Do you like to ski?

❷What a great day. What would you suggest doing on a day like this?

❸Terrible weather we are having. Do you know when it will improve?

❹I hate the rain. What about you?

❺Great day, huh?

❻What fantastic weather we are having today. Do you know any great pools around here?

❼It's snowing out today. Did you bring your umbrella?

B ❶I love skiing. Do you also ski? / No, I don't like skiing, but I do snowboard. How about you?

❷I suggest going to Namsan Tower. Have you been there before?

❸I heard it will improve by Friday. What are you going to do when it gets better?

❹Me too. It's depressing. Do you know when it will stop?

❺Yeah. It's great. Any ideas about what to do?

❻There is one about ten minutes away by bus. Would you like me to help you get there?

❼No, I forgot. Do you know where I can buy one? / Yes, I did. Did you?

A 오늘은 매우 춥네요. 스키 타기에 좋은 날씨네요. 스키 타는 걸 좋아하십니까?

정말 멋진 날입니다. 오늘 같은 날에는 무엇을 해야 좋을 까요?

정말 끔찍한 날입니다. 언제 날씨가 좋아지는지 알고 있습니까?

전 비 오는 날이 싫어요. 당신은 어떤가요?

좋은 날이네요, 그렇죠?

오늘 같이 환상적인 날이 또 있을까요? 이 근처에 좋은 해변이 있습니까?

오늘은 밖에 비가 오네요. 우산을 챙겨오셨나요?

B 전 스키 타는 것 좋아해요. 당신도 좋아하나요? / 아니요, 전 안 좋아합니다. 하지만 스노우보드는 좋아합니다. 당신은요?

남산 타워에 가보세요. 가본 적 있나요?

금요일쯤에는 날씨가 좋아 진다고 하던데요. 그때는 특별히 뭔가 할 것이 있나요?

저도요, 우울하네요. 언제 비가 멈추는지 아시나요?

네, 정말 아름다운 날이네요. 특별한 계획이 있나요?

버스로 10분 거리에 가볼 만한 곳이 있어요. 제가 그곳까지 데려다 드릴까요?

아니요, 안 가져왔네요. 어디서 살 수 있는지 아시나요? / 네, 가져왔어요. 당신은요?

Here is some vocabulary to help you when describing the weather:

다음은 날씨를 묘사하는 단어들입니다.

Calm 온화한	Cold 추운
Clear 청명한	Damp 축축한
Cloudy 구름 낀	Drizzly (a little rain) 안개 같은 비가 오는
Hot 뜨거운	Frosty (a little cold) 서리가 내리는
Icy 얼어붙은	Humid (hot and sweaty) 덥고 습한
Misty 안개 낀	Muggy (hot and sweaty) 덥고 땀이 날 정도로 습한
Mild 포근한	Showery (a little rain) 소나기(약한 비)
Rainy 비오는	Stormy 폭풍우가 몰아치는
Snowy 눈 오는	Warm 따뜻한
Wet 축축한	Windy 바람 부는

You can also use extreme adjectives to describe the weather, especially if the weather is really good or really bad:

특히, 날씨가 정말 좋거나 안 좋을 때는 최상급의 형용사를 사용해보세요.

Bitter (cold)	쓰라릴 정도로 추운
Blusterous (very windy)	바람이 거세게 부는
Boiling (very hot)	무척 뜨거운
Fantastic (very good)	환상적인
Freezing (very cold)	얼어붙을 것 같은
Great (very good)	매우 좋은
Horrible (very bad)	끔찍한
Horrid (very bad)	지독한
Pouring (raining a lot)	미친 듯이 퍼붓는
Scorching (very hot)	태워버릴 듯이 더운
Superb (very good)	최상의
Terrible (very bad)	소름 끼치는

This party is pretty dull. What do you think?

(At a party 파티에서)

A ❶ Great party! Do you mind telling me who you are friends with here?

❷ Hello, I am Mike. Could you tell me your name?

❸ Hi! May I ask what your name is?

❹ This party is great! Are you enjoying yourself here?

❺ This party is pretty dull. What do you think?

B ❶ Sure. I am friends with Paul. How about you?

❷ I'm Sue. Who do you know here Mike?

❸ Of course. I'm Sue, and your name is?

❹ Yes, I am. Who do you know here?

❺ I agree. How can we liven up this party?

A 멋진 파티네요! 실례지만 여기에 누구와 함께 오셨습니까?

안녕하세요. 전 Mike예요. 성함이 어떻게 되시나요?

안녕! 이름을 알려 주실 수 있나요?

이 파티는 정말 끝내주네요. 이 파티 재미있지 않나요?

정말 따분한 파티네요. 어떻게 생각하세요?

B 물론이죠, 저는 Paul의 친구입니다. 당신은요?

전 Sue예요. Mike, 여기에 누구와 함께 왔어요?

괜찮아요. 전 Sue예요. 당신은요?

네, 그렇네요. 누구와 함께 오셨나요?

맞아요, 정말 재미없어요. 어떻게 해야 재미있을까요?

*The expression 'liven up' means to make something more exciting.
'liven up'은 무언가 조금 더 재미있게 만든다는 의미입니다.

Common Mistake

When asking someone's name, never say "Who are you?". This can be considered rude in Western culture. Furthermore, when asking someone's name, try to use the 'May I⋯' 'Could you⋯' forms of the question as they are more polite.

상대방의 이름을 물어 볼 때는 절대로 'Who are you?'라고 하지 마세요. 이것은 서양에서는 무례할 수도 있습니다. 게다가 누군가의 이름을 물을 때는 'May I⋯', 'Could you⋯'와 같은 형태의 질문을 사용하세요. 왜냐하면 그것이 조금 더 공손한 표현이기 때문입니다.

Exclamation marks(!) are commonly used incorrectly when writing in English. You should remember that exclamation marks are used for two reasons; to show surprise("Wow! What a great present!") and to emphasize a point("The roller coaster was fantastic!").

느낌표(!)는 영작할 때 흔히 잘못 사용되는 것들 중 하나입니다. 느낌표는 두 가지 이유로 사용됩니다. "Wow, What a great present!"와 같이 놀라움을 표시할 때, 그리고 "The roller coaster was fantastic!"과 같이 무언가를 강조할 때 사용합니다.

Talking Tip

Although I have used the expression "This party is pretty dull". above, you should try not to speak negatively about someone else's party, as you do not know who you are speaking to and it might cause offense.

비록 제가 앞에서 "이 파티는 정말 재미없다"라는 표현을 사용했지만, 어떤 사람의 파티에서 그렇게 말해서는 안 됩니다. 왜냐하면 당신이 말을 걸고 있는 상대가 누군지 모르고, 상대방의 기분을 상하게 할 수도 있기 때문입니다.

Here are some adjectives you can use to describe a party:

파티를 묘사할 수 있는 단어들의 리스트입니다.

Awesome	기막히게 좋은
Enjoyable	즐거운
Exciting	흥분되는
Fantastic	환상적인
Fun	재미있는
Great	훌륭한
Outstanding	뛰어난
Superb	최상의
Top	최고의
Wonderful	경이로운

For more details about how to start a conversation and introductory topics to talk about, you should read 'Everyday English Conversation— Small Talk'.

어떻게 대화를 시작하는가와 대화를 시작하기 좋은 주제는 무엇인지에 대해 더 알고 싶다면, 『Everyday English Conversation – Small Talk』를 읽어 보시기 바랍니다.

Topic
13

Saying goodbye
작별 인사

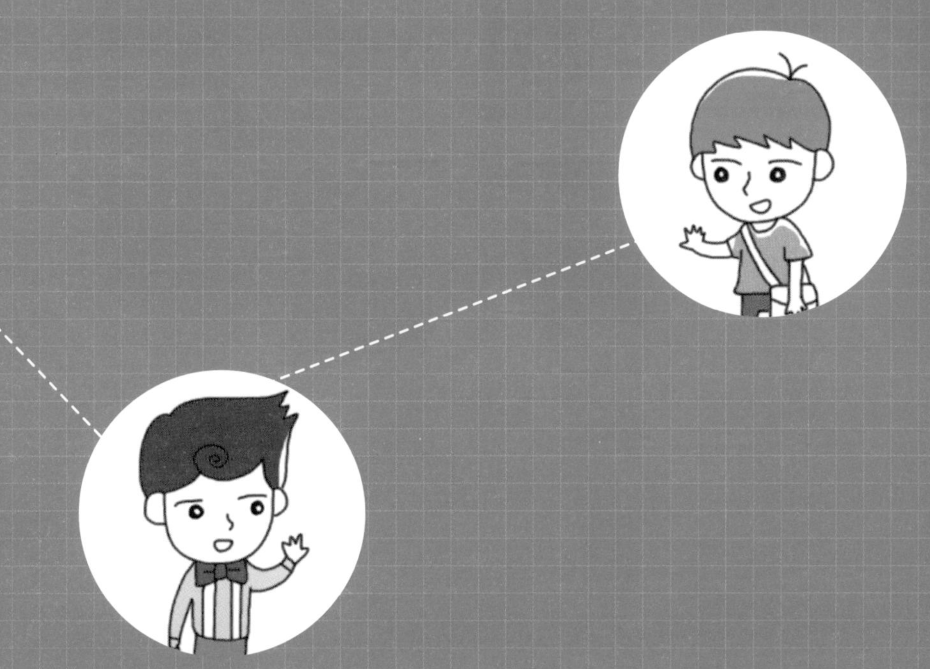

In this unit I would like to teach you two ways of saying good bye. First will be how to say good bye to someone you will see again, and second will be how to say good bye to someone you won't see again or at least for a long time.

이번 장에서는 헤어질 때 쓰는 두 가지 표현법을 배워 보겠습니다. 첫 번째로 다음에 다시 만나게 될 사람에게 하는 작별 인사 방법, 두 번째로 다시 보지 않거나 혹은 오랫동안 만날 수 없는 사람에게 하는 작별 인사 방법에 대해 배워보겠습니다.

Good bye.

Here are some examples of saying good bye to someone you will see again in the near future:

다음은 근래에 다시 만날 사람에게 헤어질 때 하는 인사의 예를 보겠습니다.

Good bye.

See you soon.

See you next time.

Take care and see you soon.

Great to see you. See you next time.

Bye.

Talk to you later.

Farewell.

잘 있어요.

곧 다시 만나요.

다음에 봐요.

건강하고 곧 다시 봐요.

만나서 즐거웠어요. 다음번에 만나요.

안녕

다음에 다시 이야기해요.

잘 지내요.

Talking Tip

It is important to try to keep your good bye short because you will see them again soon. If you give too much of a heart felt good bye, perhaps it will come across strange to a Western person as they are not accustomed to this.

그들을 곧 다시 만날 것이기에 작별 인사는 짧게 해야 합니다. 진심에서 우러나오는 작별 인사를 한다면, 서양인에게는 그러한 인사가 어색하기 때문에 이상하게 느껴질 수도 있습니다.

Talking Tip

The expression 'later' usually means later that same day. However, when you use the expression 'Talk to you later', it can mean the next day or sometime in the near future.

'Later'는 보통 같은 날 나중에 보자는 말입니다. 그렇지만 'Talk to you later'와 같은 표현은 다음 날 혹은 근래의 언젠가를 말합니다.

See ya.

Bye-bye.
Cheerio.
See ya.
Bye.

안녕.
잘 가.
나중에 봐.
안녕.

The above examples are more informal ways to say good bye to someone. You can use these examples when talking to a friend or someone who is close to you. Try to refrain from using these examples when speaking to someone in a formal situation.

위와 같은 표현은 주로 친한 사람들에게 하는 작별 인사 방법입니다. 이런 표현은 보통 친구 혹은 굉장히 가까운 누군가에게 사용하는 것이 바람직합니다. 앞과 같은 예는 공적인 자리에서는 삼가는 것이 좋습니다.

The word 'cheerio' may sound like a strange way to say good bye to someone, but it is still commonly used in Britain. However, you should know that it may not be used in other Western countries.

'Cheerio'는 누군가에게 작별인사로 하기에는 약간 어색할 수도 있지만, 여전히 영국에서는 흔히 사용되는 말입니다. 그러나 다른 서양 국가에서는 사용하지 않을 수도 있습니다.

Ciao	잘가
Au revior	안녕
Adios	안녕

You may hear the previous examples when you are traveling in English speaking countries. You should know that they are not actually English ('Ciao' is Italian, 'Au revior' is French and 'Adios' is Spanish). However English native speakers sometimes use these ways of saying goodbye in informal settings. It may sound strange, but it sometimes happens.

영어를 사용하는 국가를 여행하다 보면 앞의 예와 같은 작별인사를 들어 봤을 지도 모릅니다. 그것은 정확한 영어 표현이 아닙니다('Ciao'는 이탈리아어, 'Au revior'은 프랑스어, 그리고 'Adios'는 스페인어입니다). 그러나 영어를 모국어로 쓰는 사람들은 가끔씩 사적인 자리에서 위와 같은 표현을 사용합니다. 약간 이상할 수도 있지만 때때로 있는 일입니다.

It has been great getting to know you.

When you are traveling overseas there will eventually come a time when you have to say good bye to the people you have met on your travels. In these cases you can use a more heartfelt way of saying good bye.

해외여행을 하다 보면 결국에는 여행을 하면서 만났던 사람들과 헤어질 때가 오기 마련입니다. 이런 경우 보다 마음에서 우러나오는 작별인사를 해야 합니다.

It has been wonderful meeting you.

It has been great getting to know you.

I have enjoyed spending time with you over the last few weeks.

Fantastic to have met you.

All the best in the future.

Hope to meet you again in the future.

I hope to see you again in the near future.

당신을 만난 건 정말 기쁜 일입니다.

당신을 알게 되어서 무척 기쁩니다.

지난 몇 주간 당신과 함께 한 시간은 정말 즐거웠습니다.

당신을 만난 건 정말 환상적이었습니다.

항상 좋은 일만 가득하세요.

언젠가 다시 당신을 만나길 바랍니다.

멀지 않은 미래에 당신을 다시 봤으면 좋겠습니다.

Talking Tip

When you are parting ways with someone you have met, try not to use adjectives like 'fine/good/nice'("It's been good meeting you"). Instead try to use adjectives like 'wonderful/great/ fantastic' ("It's been fantastic meeting you"). If you do, your goodbye will be much more meaningful.

지금까지 만났던 누군가와 헤어질 때, 'fine/good/nice'와 같은 형용사는 사용하지 마세요('It's been good meeting you'). 그 대신 'wonderful/great/fantastic'과 같은 형용사를 사용('It's been fantastic meeting you')하세요. 그렇게 말한다면 당신의 작별인사는 훨씬 의미 있을 것입니다.

Common Mistake

Do not say 'It's been happy meeting you', as this is wrong. Use one of the previous examples instead.

'It's been happy meeting you'라고 말하지 마세요. 그것은 틀린 표현입니다. 대신 위에 있는 예를 사용하세요.

Keeping in contact
연락하며 지내기

Asking to keep in contact can be a little difficult and you should be careful about how you do it. Follow this guide for great ways to suggest keeping in contact with someone.

누군가와 꾸준히 연락을 하며 지내자고 말하는 것은 약간 어려울 수도 있습니다. 그리고 어떻게 연락을 주고받을 지에 관해서는 주의를 해야 합니다. 누군가와 연락을 꾸준히 주고받기 위한 좋은 방법을 아래에 제시하고 있으니 따라해 보시기 바랍니다.

How about we keep in touch through email?

Is it ok if I get your email address so we can stay in contact?

Do you mind if I have your email address?

Is it possible to get your email address?

How about we keep in touch through email?

What do you think if we exchange email addresses?

꾸준히 연락하고 지낼 수 있도록 내게 이메일 주소를 줄 수 있습니까?

실례지만 이메일 주소를 알려 줄 수 있습니까?

당신의 이메일 주소를 알려 줄 수 있나요?

서로 이메일을 주고받으면서 연락을 하는 게 어떨까요?

이메일 주소를 서로 교환하는 것은 어떨까요?

Using email is a great way to keep in contact with someone and the previous examples are perfect for asking your new friend if this is ok.

이메일을 통해서 연락을 꾸준히 주고받는 것은 좋은 방법입니다. 그리고 상대방도 동의를 한다면 앞의 예처럼 물어 보는 것은 완벽한 방법입니다.

The expression 'keep in touch' is the same as saying 'keep in contact'.

'Keep in touch'는 'keep in contact'와 같은 의미입니다.

Common Mistake

You should suggest keeping in contact with someone and not be too direct. For example, saying 'Give me your email' comes across as an order and may put the person off keeping in contact with you. It seems like obvious advice, but I have heard this before.

누군가와 연락을 꾸준히 주고받고 싶다면 먼저 이야기를 하되, 너무 직접적으로 말해서는 안 됩니다. 예를 들면, 'Give me your email'이라고 말하는 것은 명령하는 것처럼 느낄 수 도 있고, 당신과 연락을 주고받고 싶지 않을 지도 모릅니다. 이것은 당연한 것이지만 많은 사람들이 이와 같은 실수를 하는 것을 봐왔습니다.

Are you on Facebook? Can I add you as a friend?

Are you on Facebook? Can I add you as a friend?

Do you have a Cyworld account that I can contact you on?

Are you a MySpace member? Can I add you?

Facebook을 사용하나요? 친구등록을 해도 될까요?

제가 친구로 등록할 수 있는 싸이월드 계정이 있습니까?

MySpace를 사용하시나요? 당신을 친구로 등록해도 되겠습니까?

The previous examples are also great ways of keeping in contact with someone. Almost everyone has one of these accounts and they are an easy way to keep in contact.

앞의 예제 역시도 누군가와 꾸준히 연락을 주고받는 훌륭한 방법입니다. 거의 모든 사람이 Social Network Service 계정을 가지고 있고 이곳을 통해 연락을 주고받는 것은 쉬운 일입니다.

Common Mistake

Asking for somebody's phone number and address can come across a little forward in Western culture. Unless you are a very close friend, I would refrain from doing this.

누군가의 전화번호, 그리고 집주소를 묻는 것은 서양 문화에서는 약간은 직접적일 수 있습니다. 굉장히 가깝고 친한 친구 사이가 아니라면 이런 방법을 삼가는 것이 좋습니다.

MEMO
MEMO